유행을   타지 않는   삶

Savoir vivre

안상아
지음

서른,
　　제네바에서 배운
　　　흔들리지 않는

　　　삶의
　　　태도

유행을　　타지 않는　　　　삶

z

Savoir-vivre

삶을 삶답게

Prologue

제네바에서
살아가는 법을 재구성하다

더 잘 살고 싶은 열망은 언제나 가득했다.

 부단히 고민하고 움직인 결과 서른 초입까지의 삶에는 큰 불만이 없었다. 계속 그렇게 산다고 해도 만족할 만한 틀 속에 나를 넣어두었다. 어떤 일에 재능과 노력을 쏟을지에 대한 계획, 결혼을 약속한 남자친구와 그려지는 안정적인 미래, 주변 사람들과 잘 지낼 수 있는 사회적 기술. 나를 돋보이게 만들어주는 익숙한 태도 등등. 그리고 이를 바탕으로 한 치의 오차 없이 굴러가는 하루하루의 반복되는 삶.

 안주함이 부른 권태로움 때문이었을까? 지금 삶의 형태가 진정으로 '잘' 살고 있는 모양새인지 궁금해졌다. 동그라

미가 가장 안정적이면서도 완벽한 모양이라고 생각했는데 알고 보니 그건 단지 익숙함에서 비롯된 착각은 아닐까 하는 그런 의심까지 말이다. 인생에는 정답이 없으며 개인의 행복은 각기 다르다고 하지만 그렇기에 더욱 다른 삶을 엿보고 싶어졌다. 아니, 직접 겪어보고 싶었다. 이왕이면 아주 다른 모양으로. 사각형, 세모, 육각형을 넘어서 별 모양, 십자가 모양, 이름도 모를 신기한 무언가로.

새로운 세계를 또다시 열어보라는 기회를 맞닥뜨린 건 우연이 아니라 운명이라고 믿었다. 난생처음 가본 스위스 제네바에서 신혼 생활을 시작하게 된 서른하나의 삶을. 한국에서 14시간을 날아 도착한 낯선 곳, 이전의 별거 없던 삶이 그리워 쉽사리 돌아갈 수는 없는 거리였다. 어쩔 수 없이 친 배수진은 운명론에 무게를 실어주었다. 불어를 알아듣지 못하는 나는, 그들의 대화를 오직 눈빛과 손짓으로만 짐작해야 했다. 말이 지워진 자리에서 관찰은 깊어졌고 감각은 더욱 섬세해졌다. 그 누구도 나를 궁금해하지 않는, 그 누구에게도 나를 설명할 필요가 없는. 그렇기에 온전히 통제 가능한 변수들의 조율을 통해 새로운 삶을 실험해보기에 완벽한 조건이었다.

낯선 곳이 아름답게 느껴지는 건, 그곳에 머물지 않아도 되기 때문이라는 사실을 깨닫기엔 그리 오랜 시간이 걸리지 않았다. 단 한 번의 실험에서 예상한 만큼의 결과를 얻을 수 없는 것처럼 무수한 시행착오가 존재했다. 언제까지나 관찰자의 시선으로 타인의 삶을 태평하게 관조할 수만은 없었다. 이미 형성된 그들만의 견고한 울타리를 넘어가 자연스레 어울리기 위해서는 크고 작은 것들을 바꾸고 이해해야만 했다.

언어는 물론이요, 미세한 비언어적 요소와 그 기저에 깔려 있는 역사적 가치와 문화적 배경까지. 유럽의 중심에서 내세울 것이 아무것도 없는 나를 남이 함부로 대할 수 없게 스스로의 선을 만들어나가는 것, 이것 또한 기본적이고도 절대적으로 필요한 하나의 실험 변수였다. 그렇게 약 3년이라는 시간 동안 살아가는 법을 새롭게 배워 나갔고 그 과정에서 '잘 사는 법'에 대해 새로운 정의를 써내려갔다.

서울에서의 시간은 늘 빠르게 흘러갔다. 바쁘게 살지 않으면 대충 사는 것만 같았으니까. 모두가 분주하게 움직이는 배경에서 조각으로서의 삶이 당연했으니까. 그러나 제네바는 달랐다. 자전거로 달리는 배달부들, 마트와 백화점을 포함한 모든 매장이 문을 닫는 일요일, 가게에서 계산을 할 때조차도 필수로 주고받는 인사말….

느린 삶에서 어쩔 수 없이 나도 멈춰야만 했다. 이상하게도 그 불편함이 내 삶을 뒤돌아보게 만들었다. 나에게 필요한 건 새로운 유행이 아니라 다시 나답게 살아가는 감각이었다. 그 감각 속에서 나는 삶을 재구성하기 시작했다. 유행이 지나도 촌스럽지 않은 것들, 아니, 유행을 타지 않는 것들. 시간이 흘러도 내 안에서 여전히 자연스럽게 쌓여 있을 것들을 하나씩 모았다.

§ 남들이 정한 방향을 따르지 않고, 나에게 맞는 속도와 리듬으로 살아갈 줄 아는 것.

§ 욕망과 절제, 일과 쉼, 가까운 관계와 먼 관계 사이에서의 거리감을 유연하게 조율할 줄 아는 것.

§ 매 순간을 부드럽게 흘려보내듯 아름다운 감각을 느낄 줄 아는 것.

§ 세상과 함께 조화를 이루며 품격을 지키되 자신만의 취향을 다듬을 줄 아는 것.

§ 타인이 아닌 나를 위해 조금은 이기적으로도 살아가는 용기를 낼

줄 아는 것.

어쩌면 유행을 타지 않는다는 건, 세상과 조금의 거리를 두겠다는 다짐일지도 모른다. 모두가 같은 방향으로 달릴 때 잠시 멈춰 서서, 정말 그 길이 나의 길인가 되묻는 태도. 남들이 부러워하는 삶이 아니라 내가 오래도록 납득할 수 있는 삶을 선택하는 일. 제네바는 그 연습을 하기에 적절한 도시였다. 남의 기준에서 벗어나 나만의 호흡으로 살아보는 것, 그 느린 걸음 속에서 비로소 자유로워지는 것. 나만의 유행을 타지 않는 삶은 그렇게, 외면이 아니라 내면의 조용한 반란으로부터 시작되었다.

프랑스어에 'Savoir-vivre'(사브아 비브르)라는 단어가 있다. 사전적으로 직역을 하자면 '알다'를 의미하는 'Savoir'와 '살다'를 의미하는 'Vivre'를 합친 것으로 '사는 법을 안다'라는 뜻으로 풀이된다. 그러나 프랑스에서는 이를 타인과의 관계에서 지켜야 할 기본적인 예절은 물론, 상황에 맞게 우아하고 조화롭게 행동하는 태도까지 아우르는 말로 쓴다. 더 나아가 매 순간을 품위 있게 가꿔나가기 위한 일종의 '삶의 미학'으로까지 여겨지기도 한다. 결국 사브아 비브르는 사회

속에서 자신과 타인을 존중하며 살아가는 하나의 방식이다.

지금부터 찬찬히 나의 지난 여정을 보여주겠다. 실패를 뒤집어쓰는 실험 결과는 내 몫이었으니 당신은 그저 고고하게 관찰만 해도 좋다. 당신만의 사브아 비브르를 만들어가며 말이다.

겨울의 초입에서
안상아

Contents

*Prologue*_ 제네바에서 살아가는 법을 재구성하다 6

Renaissance
새로운 세계에서 다시 태어나다

프로포즈와 동시에 이별을 통보받다 19

라벨이 없어도 괜찮은 사람 24

Qui es-tu? 33

아내이기 전에 한 사람으로 존재하기 41

명품보다 나를 먼저 갖추다 50

닿는 곳마다 조금씩 확장된 세계 60

이 도시의 일부가 되고 싶었던 욕망 69

기회는 자기 연출에서 시작된다 77

부티크숍에서 시작된 작은 모험 84

Équilibre

흔들림 속에서 균형을 찾다

감정의 낭비 앞에서 품위를 지키기로 했다　97

익숙한 불편함을 버리고 낯선 아름다움으로　108

Fuis-moi, je te suis. Suis-moi, je te fuis　115

나를 덜어낼 때 그는 더해진다　123

욕망의 저울 위에서 중심을 세우다　134

예민한 감각이 지켜주는 나의 경계　146

Allure

여유로운 분위기를 완성하다

귀찮음에 반응할수록 선명해지는 삶 157

Nonchalance 167

흘려보내는 태도에 대하여 178

품위를 지켜주는 조용한 배짱 186

나를 지켜주는 가벼운 힘을 기르다 194

일상을 축제로 만드는 유머의 온도 202

닮지 않아도 불편하지 않은 풍경 214

우아함을 다시 정의하는 순간들 222

Étiquette

모두를 빛내는 미감을 배우다

피니싱스쿨에서 배운 매너라는 언어 237

상대와 나 사이에 거리를 두는 사과법 247

자기확신이 만들어내는 프렌치 시크 255

취향은 가장 조용한 문화자본이다 262

화려한 사치품보다 깊이 있는 기품 275

Je ne sais quoi 284

말투가 만드는 관계의 기술 292

*Épilogue*_ 이제 나는 한 도시의 사람으로만
    살아가고 싶지 않다 303

Savoir vivre

Renaissance

새로운 세계에서 다시 태어나다

Renaissance

새로운 삶, 새로운 활력. 다시 태어나는 행위.

프로포즈와 동시에
이별을 통보받다

"라미띠에에서 디너 예약했어. 그날 여기서 보자."

지금의 남편이 남자친구였던 시절, 그는 청담동의 한 미슐랭 레스토랑을 예약했다며 우리가 만나기로 한 날의 장소를 전해왔다. 그곳의 가격을 떠올렸을 때 일상적이고도 평범한 데이트가 아닐 것임을 예상하기는 어렵지 않았다. 메시지를 받자마자 온갖 추측이 시작되었다.

'프로포즈를 하려고 하는 걸까? 아냐, 사람들과 함께 있는 자리에서 공개적으로 할 사람은 아니니까. 그렇다면 혹시 이별을 말하려는 건가? 죄책감을 덜기 위해 마시막으로 비싼 음식을 사주며 끝내기 위해?'

시나브로 디데이는 다가왔고 어두컴컴한 조명 속 내 앞에 진지한 표정을 짓고 있던 그는 본론을 꺼내기 시작했다. 애피타이저로 나온 앙트레를 한 입 뜬 후 기분이 좋아진 내 얼굴을 지긋이 바라보며.

"제네바에서 일하게 되었어. 나랑 같이 가서 살자."

제네바? 스위스의 제네바? 그 도시에 대해 들어본 것이라곤 UN 기구들이 모여 있는 국제도시, 학창시절 사회 교과서에서 외운 제네바 협정이 체결된 곳 정도가 전부였다. 외국에서 한 번도 살아본 적 없는 내게 통보와도 같은 그의 초대는 비현실적이기만 했다. 무엇보다 여태 갈고닦아놓은, 이제야 조금씩 빛을 보기 시작한 커리어의 단절은 안 봐도 뻔히 그려지는 그림이었다. 멍한 채로 더 이상 포크를 들지 않는 나를 보며 그는 생각할 시간을 주겠다고 말했다. "상아에게도 좋은 기회가 될 거야"라는 설득 아닌 설득의 말을 덧붙이는 것도 잊지 않고.

낯선 곳에 시작될 내 삶을 그는 새 출발로 생각하는 듯했다. 나에게는 헤어짐인데 말이다. 갑작스러운 그의 한마디는 새로운 삶에 대한 프로포즈이자, 이와 동시에 기존의 삶과의 이별이기도 하였다.

한발 물러서 생각해보니, 그것은 분명 놓쳐서는 안 될 기회였다. 외국에서 살아본다는 것은 당시 30대를 본격적으로 시작한 나에게 여전히 로망이자 희망이었다. 20대 중반, 홀로 떠난 유럽 배낭여행에서 처음으로 깨달았다. 한국이라는 무대가 전부가 아니며, 세상은 훨씬 더 넓고 다채롭다는 사실을. 돌아오는 비행기 안에서 스스로와 약속했었다. 언젠가 나를 더 큰 세계로 데려가겠다고, 낯선 곳에서 새로운 삶을 열어가겠다고.

그러나 현실로 돌아온 뒤 나는 금세 벽에 부딪혔다. 어느 나라에서 시작해야 할지, 언어는 어떻게 익숙해질지, 비자는 어떻게 받을지, 집은 어디서 구할지, 그리고 생계는 어떻게 이어갈지. 질문은 끝없이 이어졌고, 준비해야 할 것은 너무 많았다. 스스로를 달래며 '아직은 때가 아니다'라고 합리화했지만, 지금 돌이켜보면 단지 용기가 부족했을 뿐이었다.

그런데 어느 날, 그는 내게 귀인일 수 있겠다는 막연한 예감이 스쳐갔다. 과거에 주저하던 나를 끌어내어, 현재의 나를 마침내 발을 내딛게 하고, 미래의 내가 바라던 모습에 조금 더 가까워지도록 이끌어줄 수 있을 것 같았다.

 '생각만 해도 막막한 문제들은 그의 선택 안에서 차례대로 길을 열어갈 수 있지 않을까? 나라면 해낼 수 있지 않을까?'

 어디서 시작해야 할지 알 수 없던 물음은 '스위스'라는 이름으로 답을 얻을 수 있을 듯했고, 언어의 장벽은 랭기지 스쿨에서 차츰 풀려나갈 것이라고 믿기로 했다. 무엇보다 혼인 신고를 하면 그와 같은 유형의 비자를 얻어 안정적으로 오래 거주하며 일자리를 구할 수도 있을 테니까. 그 가능성을 상상하는 것만으로도 마음은 이미 벅차올랐다.

 며칠 동안 나는 그 제안을 곱씹으며 스스로를 설득했다가 부정했다가를 반복했다. 현실적인 문제들을 하나씩 떠올리면 금세 마음이 무거워졌고, 또 어떤 순간에는 지금이 아니면 이런 기회가 다시 오지 않을 것 같다는 생각이 불쑥 올라왔다. 마음은 계속 줄다리기를 했고, 결정을 미루는 동안에도 머릿속에서는 여러 가능성을 조용히 계산하고 있었다. 결국 이 선택이 내 삶을 얼마나 바꿔놓을지 가늠할 수는 없었지만, 적어도 지금의 나에게는 한 번쯤 진지하게 고려해볼 만한 제안이라는 사실만은 분명했다.

얼마 동안의 시간을 보내며 여러 고민 끝에 그의 제안을 수락했다. 모든 것은 두 얼굴을 지니고 있으니까. 어떤 시선으로 보느냐에 따라서 같은 것도 전혀 다르게 느껴지니까.

안정감이 어쩌면 안주함이었음을.
익숙함이 어쩌면 지루함이었음을.
무모함이 사실은 설렘이었음을.
불안함이 어쩌면 가능성이었음을.

무엇이 더 옳은 선택일지는 뒤로 한 채, 다르게 볼 용기를 가져보기로 결정했다. 늘 내 삶을 이끌어온 신념, '당신은 새로운 세계를 열 수 있습니다'를 다시 실천할 때가 온 것이라 믿으며.

라벨이 없어도
괜찮은 사람

제네바에 삶의 터전을 잡은 지 어느덧 한 달이 조금 되지 않았을 때, 그러니까 여행자의 기분이 아닌 이곳에서 현실을 살아가는 한 주민으로서 느끼게 된 것이 있었다. 이곳에서의 나는 아무런 '라벨'이 없는 사람이라는 것. 어느 동네에서 태어나 자랐으며 어느 대학에서 무엇을 공부했고 또 어떤 직업을 갖고 있(었)으며 모아둔 돈은 얼마인지, 아니, 가장 간단한 숫자 비교인 몇 살인지조차 아무도 궁금해하지 않는다.

굳이 먼저 드러낼 필요도 없다. 드러내서 얻을 것도 없다. (심지어 드러낼 때와 장소도 없다.) 그렇게 살아가도 큰 문제가 없었다. 솔직히 말하면 오히려 편하고 내게 이런 상황이 주어졌다는 것에 감사했다. 의식주만 해결되면 살아갈 수 있는, 그저 본능에만 충실하면 되는 자연인의 삶이었으니까. 내 일상의 패턴이 변했다는 것을 알게 된 계기는 의외의 장면이었다.

우선 사람들과의 대화에서 내 말이 짧아졌다. 같은 아파트 이웃집에 사는 몇 안 되는 주민들과 마주치는 일이 있으면, 그들은 늘 처음 보는 나의 존재에 친절한 호기심을 보이며 인사를 건네왔다.

"Bonjour. Vous avez déménagé?" (이사 오셨나요?)
"…"

프랑스어를 전혀 알아듣지 못해 당혹스러워하는 내 모습을 알아차린 그들은 국제도시 제네바의 시민답게 얼른 영어로 되묻는다.

"Did you move?"

그제야 나는 '그렇다'고 대답한다. 그럼 그들은 다시 미소를 띤 채로 질문한다. "몇 층에 사나요?"라는 질문에 이번에도 간단한 숫자로만 답변하고 만다. 이제 그들은 더 묻는 것이 실례라고 생각했는지, 아리송한 표정을 지으며 내게 "Bonne journée(좋은 하루 보내)"라고 말하며 자리를 뜬다. 제네바에 처음 자리를 잡은 뒤 한동안은 이런 패턴이 반복되었다.

당시 내가 그들에게 무뚝뚝한 모습을 보일 수밖에 없던 변명은 다양하게 둘러댈 수 있다. 자동 반사적으로 길게 문장을 조합해 말하고 여유로운 태도로 질문을 던질 여유도 없었고, 외국인과의 갑작스러운 대화가 익숙하지도 않았다. 제네바에서는 한 층에 두 가구만 있는 주택이 대부분이었다. 수십 세대가 주르륵 한 층에 놓여 있던 서울 오피스텔에서는 3년 동안 단 한 번도 겪지 못한 문화였으니까. 그곳에서 이웃과 우연히 만나 일상적인 대화를 나누는 일은 상상조차 할 수 없었다. 매일 찾던 단골 카페의 주인과의 관계에서도 대부분 이런 식의 짧디짧은 담소만 오갈 뿐이었다.

답답함을 느낀 건 그들뿐만이 아니었으리라.

나 역시 답답했다. 그들이 프랑스어의 질문에서 재빠르게 영어로 바꿔 나를 배려해주었을 때는 "저는 아직 프랑스어를 잘하지 못해요. 그러나 조금씩 배우고 있으니까 조만간 당신이랑 프랑스어로 대화를 할 거예요. 조금만 기다려줘요"라며 너스레를 떠는 농담도 건네고 싶었다. 내게 어느 나라에서 왔는지를 물었을 때는 "저는 한국에서 왔어요. 당신은 어디에서 왔나요? 제네바시에는 40퍼센트가 넘는 인구가 외국인이라는데 정말 놀랍더라고요"라고 내가 아는 상식을 곁들이며 긴 대화를 이어가고 싶었다.

한국에서 대학생 시절의 나는 말이 긴 편에 속했다. 원체 사람과의 대화를 즐기는 성향이었기에 주거니 받거니 식의 토론을 선호했지만, 단순한 대화의 영역에서뿐만 아니라 다른 차원에서도 긴 문장을 사용하는 사람이었다. 나를 드러내 보이는 상황에서는 특히나. '저는 이런 사람이에요. 잠시만요, 아직 소개가 안 끝났으니 조금만 더 들어보세요.' 말을 넘어서 이력서의 분량도 길면 길수록 좋다고 믿는 사람. '안녕하세요. 지원자 중에 제 이력서가 눈에 띄죠? 그러니까 저를 뽑으셔야만 해요. 왜냐면요…'

결핍 때문이었을 것이다. 심리적 불안감이 꼼지락거리는 손과 떠는 다리를 만들듯 '취업 시장에서 인정받지 못하면 어쩌지'라는 내면의 불안이 장황한 행동과 사족 같은 긴말을 만들어냈다.

대학에서 체육교육을 전공했다. 교수님 혹은 주변 사람들은 나 역시 대다수의 졸업생이 그러하듯 운동을 가르치는 사람이 될 거라고 예상했지만, 내 속마음은 달랐다. 결말이 예상되는 뻔한 길만 걸을 마음은 없었다. 다양한 일을 해보고 싶었고, 내가 가진 가능성이 어디까지 뻗어나갈 수 있는지 실험해보고 싶었다. 그저 운동만 잘 가르치는 사람이 아니라, 기획도 할 수 있고 영업에도 능하며 글쓰기로 사람의 마음을 움직일 수도 있다는 다양한 가능성을 보여주고 싶었다.

내 안에 잠들어 있을 또 다른 능력을 증명하기 위해 자꾸만 바쁘게 움직였다. 점심시간에 사원증을 명패처럼 목에 걸고 거리를 활보하고 싶었으며, 누군가 '자기소개 부탁합니다'라고 말하면 어느 소속이라고 적힌 명함 한 장만 내밀어 아무런 부연 설명이 필요 없는 사람이 되고 싶었다. 구구절절 긴 설명이 아닌, 한두 단어만으로 상대의 질문을 막아낼 수 있는 그런 타이틀.

하지만 현실은 생각보다 훨씬 더 차가웠다. '예체능 전공'이라는 타이틀은 취업 사회가 요구하는 스펙보다 늘 한 발짝 뒤에 서 있었고, 나는 그 간극을 채우기 위해 두 발짝 더 앞서 나가야 했다. 더 많은 공모전과 대외활동, 남들과 차별화될 수 있는 화려한 아르바이트와 인턴 경력을 하나라도 더 채워넣기 위해 쉴 새 없이 움직였다. 누군가가 나를 봐주길 바랐고, 그들에게 '나는 이런 사람'이라고 '이것도 할 수 있고, 저것도 해낼 수 있는 쓸모 있는 사람'이라고 설득하고 싶었다.

그렇게 어느 순간부터 주기적으로 이력서를 쓰는 사람이 되어 있었다. 특별히 제출할 곳도 없으면서, 마치 내일 당장 누가 나를 불러줄 것처럼. 두 장의 새 이력서를 나란히 책상 위에 펼쳤다. 왼쪽은 현재 갖춘 스펙, 오른쪽은 앞으로 갖춰야 하는 스펙. 스스로 실행력 하나만큼은 뛰어나다고 믿었으므로 앞으로 내가 무엇을 채워나가야 하는지만 알면 더 좋은 스펙이 적힌 이력서를 작성하는 일은 손쉬운 문제라고 생각했다. 6개월 뒤, 1년 뒤, 졸업 후를 기준으로 미래의 나를 상상하며, 마치 오지도 않은 미래의 공석에 혼자 지원서를 내는 사람처럼 나를 평가하고 점검했다.

힘들었냐고? 당시의 시간들이 꼭 나쁘기만 했던 것은 아니다. 그렇게 애쓴 덕분에 더 많은 경험을 했고, 더 넓은 세상을 볼 수 있었다. 갈수록 취업이 어려워지는 세상에서, 그나마 힘겹게 얻은 내 일자리가 언제든 다른 사람에게 대체될 수 있는 세상에서 나의 존재를 알리고 나의 가치를 설득하고 종국에는 사람들에게 가장 먼저 제안을 받는 법을 익힌 것은 분명 큰 자산이었으니까. 이렇게 책을 쓰게 된 것도 그 지난했던 과정과 무관하다고 말할 수는 없을 것이다.

효과가 있으면 부작용도 있는 법. 돌아보면 필요 이상으로 자신의 가치를 드러내며 살아왔다는 생각도 지울 수 없다. 어릴 때의 나는 이렇게라도 스스로를 다듬어 포장한 뒤 세상에 '짠' 하고 보여줘야 이 세상을 버틸 수 있다고, 이게 당연한 일이라고 믿었던 것 같다. 세상이 요구하는 기대치를 충족하지 못하면 어쩌나 조급함이 나를 계속 서두르게 했고, 잠시라도 가만히 있으면 금세 잊힐 것 같은 불안은 '지금 이 모습 그대로 있어도 괜찮나?'라는 의심을 끝없이 만들었다. 내가 가진 것을 다 보여줬는데도 진짜 나를 본 사람은 아무도 없는 것 같은 기분. 아니, 어쩌면 나조차 진짜 나를 본 적이 없었던 게 아닐까 하는 자기 의심.

누구에게나 이런 순간이 있었을 것이다. 이미 충분히 괜찮은 사람이지만 누가 그걸 먼저 확인해주기 전까지는 스스로를 온전한 사람이라고 믿지 못한 적, 쓸모있는 사람으로 인정받고 싶어서 하루하루를 테스트하듯 치열하게 겨룬 적 말이다. 나 역시 제네바에 도착해 이 익숙한 감정을 아주 오랜만에 마주한 것이다.

하지만 괜찮다. 굳이 설명하지 않아도 되니까. 그들은 라벨 없는 나를 있는 그대로 받아들여줬으니까. 그래서 이제는 나를 증명하지 않아도 되는 이곳에서 조금은 행복을 누리며 살아도 괜찮다고 생각했다. 물론 이러다 또 불현듯 불안이 찾아올지도 모른다. 하지만 그때 가서 고민하면 된다. 당분간은 이 홀가분함을 즐기기로.

Qui es-tu?

유럽, 스위스, 제네바에서 보낸 시간은 겨우 3년 남짓이다. 심지어 나는 누군가의 직장을 따라온, 어쩌면 타의 반, 자의 반의 결정이었기에 처음부터 확고한 목표의식이 있었던 것도 아니었다. 이곳에서 로컬들과 긴밀히 부대끼며 일한 경험조차 없었기에, 내가 이곳에서 경험한 문화와 관찰한 태도를 일반화해서 말하는 것에 대해 누군가는 "그건 일부야. 네가 뭘 안다고?"라며 반문할 수도 있다. 충분히 가능한 반응이다. 나도 그것을 부정하지 않는다.

하지만 그런 반문에 이렇게 되묻고 싶다. 그렇다면 누구만이 자신의 경험과 생각을 말할 수 있을까? 우리가 겪은 일상의 단상이나 작은 깨달음조차 누군가의 잣대에 의해 '전문

성 없음'으로 거절된다면, 결국 우리는 점점 더 입을 다물게 될 것이다. 위로를 건네면 "그 정도로 힘들다고?"라는 말이 되돌아오고, 자신만의 취향을 말하면 "너무 별나지 않아?"라는 시선이 따라온다. 그렇게 사회는 점점 더 정답만 좇게 된다. 어느새 학식과 권위가 말한 것만이 '맞는 말'이 되어버리고, 다양한 목소리와 관점은 조용히 지워진다. 개성은 줄어들고, 무난하고 적당히 인기 있고 남들이 선망하는 삶의 표본을 기준 삼아 따라가기만 한다.

그렇게 다름은 틀림이 되고, 모난 것은 정 맞는 것이 된다. 우리가 자주 말하듯 "튀면 피곤하다"는 분위기. 그 속에서 나 역시도 혹시 모를 시선을 의식하며, 언제나 방어기제 속에서 구구절절 설명부터 늘어놓고 있는 건 아닌가 싶다. 지금 이 글처럼 말이다. 지금까지 충분히 변명했으니 이제는 조금 더 자유롭게 풀어보고 싶다.

처음으로 나갔던 제네바의 한 소셜 모임이 떠오른다. 초면인 사람들이 대다수였고, 자연스럽게 자기소개가 이어졌다. 내 순서가 오기 전, 나는 머릿속으로 간단한 구성을 그려두고 있었다. 이름, 국적, 이곳에 오게 된 계기, 체류 기간,

좋아하는 취미 정도. "I'm from South Korea, Seoul." 이 정도면 충분하다고 생각했다. 익숙하고 간단한 말. 내게는 그 말이면 충분하다고. 그래야 자연스럽고 무던한 사람처럼 보인다고 여겨왔으니까.

하지만 내 앞의 사람들은 달랐다. 단순히 '국적은 어디야?'에 답하는 것이 아니라. 그들은 '나는 누구인가'에 대한 자신만의 이야기를 하나씩 풀어냈다.

"난 이탈리아에서 태어나 독일에서 자랐고, 대학은 파리에서 나왔어. 지금은 제네바에서 일하고 있고, 가족은 모두 캐나다에 있어."

어떤 이들은 세 개의 국적을 가졌다고도 했다. 부모의 국적이 다르고, 자신이 자란 곳과 현재 머무는 곳이 또 다르다며 길고도 유려하게 자기의 삶을 펼쳐 보였다. 처음에는 조금 놀랐고, 곧이어 느낀 건 조용한 울림이었다. 그 긴 소개들이 전혀 낯설지 않았고, 오히려 사람을 더 입체적으로 이해하게 해줬기 때문이다.

Renaissance

그들의 세계에서는 "너는 어디서 왔어_Where are you from?_"라는 질문과 "너는 어느 나라 사람이야_What nationality are you?_"라는 질문이 전혀 다른 맥락으로 이해되고 있었다. 그 둘이 같지 않다는 걸 유럽에서 처음 체감했다. 국적과 정체성은 더 이상 단일한 질문이나 답변으로 정리될 수 없는 시대라는 것을, "너는 어디서 왔어?"라는 질문에는 '장소'만이 아니라 '시간'과 '사연'이 함께 담겨 있다는 것을 알게 된 것이다.

그 순간, 내 소개가 조금은 평평하게 느껴졌다. 그런데 곰곰이 생각해보면, 나 역시 늘 한 문장만으로 충분한 삶을 살아온 건 아니었다. 서울에서 태어나 자랐고, 학창 시절을 보내며 나만의 작은 우주를 만들었고, 사랑도 하고 좌절도 겪었다. 그리고 지금, 제네바라는 도시에서 몇 해를 살아가는 중이다. 하지만 그런 이야기들은 쉽게 꺼내지 않았다. 꺼낼 필요도, 이유도 없다고 여겼기 때문이다. 그건 아마도 내가 자란 사회가 나에게 가르쳐준 태도와도 관련이 있었을 것이다.

한국에서는 말이 많으면 피곤하다는 인식이 있다. 짧고 정확하게 말하는 것이 미덕이 되고, 개인적인 이야기를 길게 하면 괜히 복잡한 사람처럼 보일까 염려하게 된다. 우리는 대한민국 안에서 하나의 언어를 쓰고, 비슷한 역사를 공유하고, 서로를 쉽게 파악할 수 있는 나라에서 자랐다. 단일민족, 단일 언어, 그리고 반도라는 지리적 특수성 속에서 다름보다는 같음이 강조되어왔기에 어릴 때부터 다른 세계로 자유롭게 이동하고 부딪혀볼 기회가 적었고, 낯선 것에 대한 적응력도 자연스럽게 떨어질 수밖에 없었다.

그래서일까? 누군가가 자신만의 방식으로 살아왔다고 말하면 우리는 먼저 이해하려 하기보다, 은근히 틀을 들이민다. "그래도 결국은 이렇게 해야지" 같은 말로 '정답'을 제시하고 싶어 한다. 하지만 제네바나 파리에서 마주한 사람들은 다르게 살아왔다. 그들은 질문을 하나 받아도 그 안에 자신의 사연을 담아 풀어낸다. 길어질 수도 있다는 여유, 다양한 길이 존재한다는 전제 위에서 말하고 듣는다. 그 태도 안에서 사람들은 서로를 조금 더 다정하게 이해했다. 그렇게 나도 하나씩 배워갔다. 말을 아끼기보다 자신을 설명하는 것, 다름을 이상하다고 여기기보다 궁금해하는 것, 간단한 질문에도 사연이 스며 있다는 것을 당연하게 여기는 마음.

한국에서는 이것이 조금 어렵다는 걸 느꼈다. 우리는 너무 자주 남을 따라간다. 대학교는 어떻게 들어갔는지, 직장은 어디인지, 결혼은 언제쯤인지, 아이는 몇이나 낳을 건지. 각자의 속도나 방식은 허용되지 않고, 누가 더 빠른지, 누가 더 효율적인지, 누가 더 '정상 경로'를 탔는지를 따진다. 그런 분위기 속에서 우리는 조금만 방향이 달라도 불안해지고, 다르다는 이유만으로 설명을 요구받는다. 아무런 말을 하지 않으면 비정상. 말이 길어지면 또 유난스럽다는 평가. 어떻게 입을 뗄지 혼란스럽기만 하다.

반면, 내가 경험한 유럽, 특히 스위스와 프랑스 문화는 다르다. 일단 시작부터가 다르다. 유럽은 기본적으로 다민족·다국적 사회다. 스위스만 해도 국어가 네 가지나 된다. 서로 다른 언어를 쓰는 사람들이 같은 나라 안에서 살고 있는 셈이다. 아이들이 학교에서 배우는 건 단지 지식이 아니라, '차이를 전제로 한 대화법'이다. 이건 말투나 태도의 문제가 아니라 문화의 기반이다. 프랑스에서 교육을 받은 친구가 이런 말을 한 적 있다.

"여긴 정답이 없는 질문을 던지는 훈련을 계속해. '네 생각은 어때?'가 제일 많이 듣는 질문이야."

옳다. 유럽에서 만난 이들은 자기소개를 할 때 자신이 살아온 경로를 말하는 것을 당연하게 여겼다. 대학을 두 번 바꾼 친구, 40대가 되어서야 처음으로 직장을 구한 지인, 국적이 세 개인 이웃…. 누구도 그걸 이상하게 여기지 않았다. 각자의 궤적에는 각자의 사정이 있다는 걸 이해하는 사회. 그런 배경이 있다 보니, 다름은 궁금한 것이 되었고, 설명은 권리이자 예의가 되었다.

유럽이 완전히 이상적인 사회라는 건 아니다. 그곳에도 여전히 계급과 인종 문제, 차별이 존재한다. 하지만 그럼에도 불구하고, '삶은 다양할 수 있다'는 감각이 사회 전반에 훨씬 더 깊이 스며들어 있었다. 그 다름을 말할 수 있도록 허락하는 문화. 그리고 말이 길어질 수 있다는 여유. 그리고 나는 이제야 조금씩 나를 다시 쓰는 중이다. 여전히 서울에서 자랐고, 여전히 한국인이다. 하지만 이제 나는 낯선 나라에서 스스로를 다시 소개하게 된 누군가이기도 하다. 이방인의 언어로 천천히 내 이름을 말하고, 내 배경을 조금씩 펼쳐내는 사람. 그러니, 나를 설명하는 데 한 문장은 이제 조금 부족하다. 그 부족함은 어쩌면 나의 여백이고, 내가 앞으로 살아갈 또 다른 이야기의 시작일지도 모른다.

아내이기 전에
한 사람으로 존재하기

증명과 설득에는 과거와 미래가 필요하다.

 '저는 예전에 이런 일을 했고 앞으로는 이렇게 하려고 하니까 잘할 수 있어요. 저 괜찮은 사람이에요.'

 그러나 이젠 더 이상 애쓰려 하지 않는다. 이곳에서 두 달 차에 접어들었을 때 나는 나만의 실험 방식을 결정했다. 귀납적 방법. 순간순간을 먼저 다 살아보고, 그다음에야 비로소 답을 찾아보기로 했다. Here and now. 털끝까지의 감각을 동원해 '지금, 여기'를 통과하며 느껴보기로 했다. 백지 인생을 살아볼 수 있는 좋은 기회를 놓칠 수는 없었다. SNS를 줄여나갔으며 되도록 한국 친구들과도 연락하지 않으려 노력했다. 한국말을 쓰는 순간 시공간은 그곳으로 이동해버리니까.

예상치 못한 난제가 찾아왔다. 증명하지 않아도 된다는 일상의 만족이, 어쩌면 나의 존재 자체를 누구도 확인해주지 않는 날들로 이어지는 건 아닐까 하는 걱정. 예전처럼 나의 쓸모를 과하게 드러내며 나를 소진하진 않을 테지만, 그렇다고 해서 이곳에 나라는 사람이 머물고 있다는 사실마저 지워둘 필요는 없었다. 아니, 그렇게까지는 하고 싶지 않았다. 자칫하면 위험할 수 있을 것 같았다. 나는 이곳에 존재하고 있는데 존재하지 않는 것 같은 삶에 익숙해진다면 말이다.

이것을 알게 된 계기는 남편의 출장이었다. 그가 떠난 뒤 제네바에서 2박 3일 동안 단 한 사람과도 대화를 하지 않고 지냈다. 아니, 하지 못했다. 나의 이름을 불러주는 사람이 없었기 때문이다. 생각해보니 내 이름을 누군가에게 소개한 적도 없었다.

'남편이 사라진 자리에서의 나는 뭐지?'

남편만이 아닌 다른 누군가에게도 무언가가 되고 싶었다. 이곳에서의 이름이, 역할의 필요성을 깨닫게 된 순간이었다.

증명하지 않아도 된다는 자유는 달콤했지만, 한편으로는 나를 이곳에 단단히 붙잡아줄 무언가가 필요하다는 불안도 함께 찾아왔다. 존재를 증명하지 않는 대신, 내가 지금 여기 존재한다는 것을 스스로 느끼고 싶었다. 그 첫 단계는 거창한 성취나 외부의 인정을 통해서가 아니라, 가장 가까운 일상 속에서 드러나는 것이 맞다고 생각했다. 누군가가 나를 불러주는 목소리, 내가 움직인 만큼 조금은 달라지는 집 안의 풍경, 하루하루의 식탁 위에 놓이는 작은 성취들. 그곳에서 나는 다시 나를 확인할 수 있을 것만 같았다. 결국 내가 서 있는 자리, 즉 나의 존재가 머무는 공간이자 증명이 되어야 하는 자리는 집이어야 하지 않을까 하는 생각으로.

"내가 쓸모 있는 사람이라는 기분을 느끼고 싶어."

출장에서 돌아온 그에게 꽤나 진지한 어투로 말했다. 내가 말하고도 곧바로 스스로에게 질문했다.

'그러면 여태 남편에게 나는 쓸모 있는 사람이 아니었나? 난 그에게 어떤 역할을 한 거였지?'

네 글자로 말하면 '전업주부', 두 글자로 더 요약하자면 '내조'였다. 자신의 발전과 성공을 위해 미국에 이어 다시 한번 낯선 곳에서의 삶을 도전한 패기 넘치는 그였다. 그런 그를 돕고 싶었다. 남편이니까. 사랑하는 사람이니까. 그가 자신의 일에만 집중할 수 있도록 집 안의 모든 동선을 효율적으로 설계하며 싱싱한 재료로 장을 보고 매일 다른 메뉴로 저녁 요리를 내어주는 일을 포함해서 말이다.

퇴근 후에 얼른 집에 돌아가 쉬고 싶은 마음이 들게끔 안락하고 쾌적한 분위기의 집안을 가꾸는 것 역시 나의 몫이었다. 자취를 10년 넘게 한 그 또한 요리와 집안일에 능숙하며 나와 함께 일을 나누겠다고 자처했지만 거절한 건 나였다. 두 가지의 이유였으리라. 하나는 그에게 백 점짜리 아내가 되고 싶었던, 돌이켜보면 불가능에 가까운 욕심이었다. (남에게 애써 증명하지 말라고 말했건만 나 역시 한 번에 버리기 쉽지 않은 태도였다.) 또 하나는 그래야만 쓸모가 있는 사람이라고 스스로를 합리화시킬 수 있을 것 같았기 때문이다. 이곳에서 소위

말해 '먹여주고 재워주고 입혀주는' 안락함을 제공해주는 그의 도움에 대한 공평함을 스스로 느끼기 위해서라도.

하지만 공평한 화살표인지는 알 수 없는 것이 문제였다. 나의 화살표는 분명 그를 향해 있었지만, 그의 화살표는 동시에 세상을 향하고 있었다. 아이러니하게도 나는 그에게 쓸모 있는 여자가 되고 싶지 않다고 말했으면서, 또 다른 순간에는 쓸모 있는 사람이 되고 싶다고 말하고 있었다. 답을 아는 듯하다가도 이내 놓쳐버리는 느낌. 결국 중요한 건 일과 가정 사이의 균형, 그리고 가정 안에서 내가 어떤 역할에 얼마만큼의 무게를 둘 것인지 정립해나가는 일이었다.

낯선 무대에서 잘 살아내는 법보다 더 시급한 과제는 사실 내 앞에 놓여 있었다. 매일 저녁 차려내는 식탁, 매일 반복되는 청소, 작은 생활의 루틴 속에서 나는 나의 자리를 확인해야 했다. 남에게 보일 수 없는 사소한 성취들일지라도, 그 속에서만 내가 이곳에 존재한다는 감각이 유지되어야만 했다. 나아가 '쓸모 있음'에 대한 고민은 내가 이곳에 서 있는 이유와 맞닿아 있었다. 존재를 증명하려는 마음은 곧, 이 자리에 온 선택이 정말 내 것이었는지를 스스로에게 묻는 질문으로 이어졌다.

'내가 여기 왜 왔는데?'

프랑스에서 스위스의 국경을 넘어가는 TGV 기차를 타고 제네바를 처음 만나러 가는 길, 다짐했다. 이 말만큼은 절대로 남편에게 내뱉지 않겠다고.

위험한 생각이다. 이곳에 온 것이 나의 주체적 결정이라는 굳은 생각으로 이어져야지, '남편의 커리어를 위해 군말 없이 이곳에 따라온 지고지순한 아내'의 헌신이었다고 인식하는 순간 지금 여기에서의 내 삶은 불행해지는 것이다. 이유는? 보상 심리가 생기니까. 사소한 갈등이 생길 때마다 어쩔 수 없이 '내가 여기에 왜 왔는데? 오빠의 커리어만 중요해? 나도 한국에 있었으면 더 발전했을 텐데'라는 피해의식이 올라올 수 있기에.

따라서 주체적 결정을 내렸던 만큼이나 그것이 실재하다는 것을 뒷받침해줄 증거가 필요했다. 남편이 자신의 삶에 집중할 수 있게끔 온전히 배려하려면 우선 나 스스로가 내 삶에 온전히 집중할 수 있어야 하니까. 종국엔 우리를 위해서다. 나아가 비단 우리 둘 사이의 이 특수한 상황에만 적용되는 것이 아닌, 대부분의 인간관계에도 적용되는 문제였다. 아니, 어쩌면 나 자신과의 관계에서도 해당되는 말이 아닐까? 내 선택에 대해서는 내가 알아서 책임지는 것.

늘 주체성 옆에 존재하는 단어, 책임감.

'모든 행동의 결과는 내가 만들어낸 것이다.'

상황이 잘 풀리지 않을 때 나의 정신 건강을 위해 되뇌이는 주문.

'남 탓 금지.'

주체적으로 선택한 삶이라면, 그 선택이 닿아 있는 일상 속에서도 의미를 찾아야 했다. 그래서 가장 먼저 마주한 과제는, 집안일이라는 구체적인 무게였다. 좀 더 구체적으로 말하자면 각자 얼마만큼 집안일을 도맡아 할 것이냐는 것. 각자의 공간이 있던 연애 때는 애초부터 집안일은 생각할 일이 없는 문제였고 만약 한국에서 신혼을 시작했다고 하더라도 쉽게 풀릴 문제였다. 나도 그와 마찬가지로 아침에 출근해서 저녁에 퇴근하는 삶을 살았을 테니 좀 더 깔끔한 역할 분담이 가능했을 것이다.

그러나 지금의 나는 출퇴근할 장소도, 일거리도 없었다. 한국에서 지속해왔던 글을 쓰고 콘텐츠를 만드는 일을 스위스까지 무리하게 가져오고 싶지 않았다. 그때도, 지금도 내 좌우명 중 하나는 '지금만이 할 수 있는 일을 하자'니까. 남편은 이런 나의 결정을 지지해줬다. 이전만큼의 수입이 보장되지 않는 지금의 나는 남편에게 어느 정도의 경제적 의지가 필요한 상황이었다. 그럼에도 1인분의 몫은 하고 싶었기에 가사노동을 통해서라도 고정 소득을 대체할 경제적 가치를 창출하고 싶었다.

제네바에 도착해 내가 가장 먼저 공을 들인 일은 집안일이었다. 헌신과 봉사의 대명사처럼 여겨지는 이 일이, 가장 수동적인 노동으로 취급받던 이 일이, 모순적이게도 지금 내게 가장 자립적인 일이 될 줄은 제네바에 도착하기 전에는 몰랐다.

명품보다
나를 먼저 갖추다

사소한 생활의 무게가 나의 존재를 지탱해 주었다면, 이제는 그보다 더 본질적인 무언가가 필요했다. 일상에만 머물러서는 이곳에서의 시간이 금방 소모되어버릴 것 같았으니까. 단단한 뿌리를 내렸다면 이제는 위로 뻗어 올라가야 했다. 나 자신에게 물었다.

'지금 이 순간, 무엇에 투자해야 나를 더 단단하게 높일 수 있을까?'

나는 오래된 헤리티지의 스토리를 품으며 영롱하게 빛나는 시계 앞에서 쉽게 눈을 떼지 못하는 사람이다. 그런 내가 스위스 제네바행을 결정했을 때, 내심 조금 들뜰 수밖에 없었다.

'한국에서 몇 개월 아니, 몇 년을 기다려도 구매하기 어려운 시계를 긴 대기 없이 구매할 수 있을지도 몰라. 그것도 더욱 저렴한 가격으로.'

롤렉스를 시작으로 파텍필립, 피아제, 바쉐론 콘스탄틴 등 집에서 도보로 10분 거리에 떨어진 부티크 매장을 동네 마트 지나가듯이 매일 마주할 수 있었다.

대부분의 시계 명품 부티크숍들은 모두 제네바에 본사를 두고 있다. 당연히 그 지역에 살면 그것들을 손쉽게 지닐 수 있게 될 것이라고 생각했다. 물론 크나큰 착각이었다. 기다리는 기간과 할인 폭의 문제가 아니었다. 애초에 넘보기 어려운 가격이었기 때문이다. 가질 수는 없더라도 그저 자주 볼 수 있다는 것으로 만족의 기준을 낮췄다. 그때 문득 든 생각.

'명품을 가질 수 없다면 내가 명품이 되면 되지 않을까?'

이 발상은 내 좌우명 중 하나인 '지금만이 할 수 있는 일을 하자'와도 결이 맞는 이야기였다. 롤렉스 시계야 더욱 나이가 들었을 때, 지금 같은 고민을 하지 않아도 될 정도로 여유가 생겼을 때 살 수 있는 물질인 반면, 문화를 익히고 사람을 남기며 추억을 쌓는 일은 지금이 아니면 할 수 없는 '형태가 없는 자산'이었다. 이곳이 아니라 서울에 돌아가서도 유의미한 무언가가 될 것이었다. 아니, 지구 어딘가에 떨어져도 스스로를 도울 수 있는 기본적이고 필수적인 무형 자산이었다.

아무에게도 말하지 않았지만 나를 새로 세우는 계획을 세워보고 싶었다. 삶의 여러 면을 조금씩 확장해보는 프로젝트. 그 첫 단계는 역시 언어였다. 그중에서도 영어와 프랑스어를 배우는 것이었다. 새로운 세계를 확장시키기 위해서는 사람과의 소통과 각자의 생활양식에 대한 교류를 빼놓을 수 없었으므로 일단 외국어 수업을 듣기로 결정했다. 때마침 남편이 근무하는 곳에 나와 비슷하게 가족을 따라 이주한 사람들을 위한 다양한 언어 수업이 열려 있었다.

선택지는 다음과 같았다. 영어를 먼저 배울 것인가? 프랑스어를 먼저 배울 것인가? 아니면 두 언어를 동시에 배울 것인가? 세 개의 객관식 문제에서의 정답을 맞춰야만 했다. 헷갈리는 문제는 오답으로 보이는 것부터 지워나가면 된다. 일단 세 번째 문항부터 제외시켰다. 두 언어가 같은 라틴어 계열이었다면 시간 분배적인 측면에서 효율적일 수 있기에 동시 학습을 도전해보았겠지만 생존을 위한 시급함이 있던 나에겐 사치였다. 그렇다면 스위스의 공식 언어 중 하나인 프랑스어부터 배워야 하나? 참고로 스위스는 독일어 · 프랑스어 · 이탈리아어 · 로만슈어 이렇게 네 가지 공식 언어를 가진 나라로, 국경을 접한 이웃 나라들의 문화권에 따라 언어 사용 지역이 나뉜다.

심각할 것도 크게 없었지만, 미간에 인상을 쓰며 고민하는 내게 남편은 한마디를 건넸다.

"일단 영어부터 익숙해지는 게 낫지 않을까? 나도 그렇고, 내 동료들도 그렇고 아예 프랑스어를 배울 계획이 없는 걸 보면 이곳에서는 영어만으로도 충분히 의사소통이 되는 것 같아서."

모두가 영어를 공용어로 구사하는 국제기구에서 근무하는 그가 나와는 다른 상황에 놓여 있는 것을 감안하더라도 어느 정도는 옳은 말이었다. 게다가 비행기로 14시간 떨이

져 있는 언어권의 사람에게 세계 공용어도 아닌 프랑스어를 기대하는 상황은 크게 없을 것 같았다. 마침내 결정된 언어는 영어였다. 물론 이곳 로컬들과 속내를 털어놓으며 그들을 통해 지인의 지인까지 소개받아가며 인맥을 확장시키기에는 현지 언어를 배우는 것이 필수적인 과제였다. 하지만 일단 그 '로컬'들을 사귀려면 영어라도 제대로 구사할 수 있어야 했다. 그래야만 다음 단계로 나아갈 수 있었다.

나는 듣기(리스닝)와 읽기(리딩)에만 최적화되어 있는 보통의 대한민국 1990년대생 수능 세대였다. 본격적으로 '말하기(스피킹) 영어'를 배우기 시작했다. 그런데 이럴 수가, 그동안 영어에 투자한 시간과 돈이 얼마나 되는데, 표현하고 싶은 고작 한 문장을 말하는 데에 그보다 더 큰 에너지가 들어가는 느낌이었다. 이때 필요한 건 뻔뻔한 마인드다.

'너네 한국어 할 줄 알아? 잘 못하지? 나도 그래. 그러니까 우리 대충 말만 통하면 되는 걸로 하자. 알겠지?'

이런 마음가짐으로 철면피를 깔고 영어를 공부했다. 일단 이 정도면 의사소통은 문제가 없을 것이라고 판단했다.

그 다음은? 돈을 벌 수 있는 능력. 이것이 필요했다. 진정한 독립은 경제적 독립에서 출발할 테니까. 결혼했다고 끝이 아니다. 각자가 온전히 1인분의 몫을 하는지의 여부가 여기에서 결정된다. 자아실현이라는 거창한 명분 이전에, 남편과 동일한 종류의 워킹비자의 유용함을 발휘하겠다는 야무진 다짐 이전에, 말 그대로 내 통장에 쌓일 월급을 벌어야만 했다. 당장 카페에서 커피를 살 수 있고, 커뮤니티 형성을 위해 지출해야만 하는 최소한의 실질적인 소득이 절실했다.

당연히 한국에 있을 때보다 수입이 줄어들었다. 이전과 같이 일에 대한 집중도를 끌어올릴 수가 없으니 결과 또한 비례할 수밖에. 새롭게 도전하는 삶에 집중하기 위해 자처한 선택이지만 늘기는커녕 줄어드는 잔고를 보며 자존감의 바로미터 역시 낮아졌다. 내 수중에 얼마의 돈이 있는지, 내가 한 달에 얼마나 버는지가 곧 내 자존감의 기준이 되어버린 것이다. 이러한 상황을 예측한 남편은 고맙게도 내가 이곳에서 편히 적응할 수 있도록 배려해주었는데, 그중 하나는 내게 조금의 경제적인 부담도 주지 않는 것이었다. 그가 건네준 스위스은행 카드 덕분에 더는 은행 애플리케이션을 들락거리지 않아도 되었다.

그렇지만 이상하게도 한국에서 만든, 해외 원화 결제 수수료가 나가는 내 명의의 신용카드를 쓸 때가 있었다. 남편의 눈치를 보게 만드는 상황을 피하고 싶을 정도의 큰돈을 쓸 경우가 아니었다. 백화점 식료품에서 도전해보고 싶은 와인을 고를 때라든지, 읽어보고 싶은 책을 충동적으로 구매할 때와 같은 소소한 결정에서 주로 내 명의의 신용카드로 손이 갔다.

이 행동을 '이상하게'라고 표현한 이유는 처음 경험해보는 일인 만큼 그 행동의 원인을 한동안 알기 어려웠기 때문이다. 남편에게 '당신이 나에게 용돈을 주더라도 그 돈은 아까워서 차마 쓸 수가 없어요'라고 어필하고 싶은 마음이 아니었다. 착한 여자로 보이고 싶은 마음은 더더욱 아니었다. 그 돈을 모아서 프랑$_{Franc}$의 가치가 올랐을 때 원화로 환전해 돈을 벌겠다는 똑부러진 계획이 있었던 것도 아니다.

결론은 이거였다. '남의 돈 내 산'도 굳이 마다하지는 않겠지만 '내 돈 내 산'도 가능할 수 있는 사람이라는 걸 스스로 계속해서 떠올리고 싶었기 때문에. 혹시라도 이걸 잊어서 나의 독립성을 잃어버리진 않을까 하는 조급함 때문에. 남이 나를 어떻게 생각하는 것보다 내가 나를 어떻게 생각하는지가 훨씬 더 중요했기 때문에. 낯선 경험을 위해 내리는 결정에 대부분은 돈이 필요할 테고, 그 순간마다 망설이고 싶지 않았기 때문에. 그리고, 결국 나도 모르는 사이에 남편에게만 의존하는 아내가 되어버리고 싶진 않았기 때문에.

비록 저축으로 모아둔 통장 속 숫자는 조금씩 적어졌지만, 내 돈을 아껴 내 자존감을 쪼그라들게 만드는 것보다는 나았다. 그렇게 일단은 돈으로 내 자존감을 지키기로 마음먹었다.

닿는 곳마다

조금씩 확장된 세계

내가 도전해 볼 수 있는 일의 영역은 제한적이었다. 자격증이나 이곳에서의 학위, 업무 경험을 크게 필요로 하지 않는 서비스업이 그나마 적당해 보였다. 호텔 프론트에서 체크인을 도와주는 일 또는 부티크숍에서 옷과 가방 등을 판매하는 일을 머릿속으로 그려보았다. 이제 내가 해야 할 일은 그곳에서 일하려면 무엇이 필요하며, 어떻게 이력서를 작성하고 또 제출해야 하는지 면밀히 조사하는 작업이었다.

조금의 팁이라도 귀띔해줄 현지인이 단 한 명도 없었다. 구글링에 의존할 수밖에 없다는 걸 직감했지만 그건 내 스타일이 아니었다. 직접 몸으로 움직이는 걸 선호했기에 무작정 나섰다. 어디로? 호랑이가 있는 굴속으로.

일단 관광지가 밀집한 번화가로 나가, 적당해 보이는 호텔을 골랐다. 그래도 너무 유명한 5성급 체인 호텔은 어차피 불가능할 것 같아 일단 제외했다. 멋을 한껏 부려 꾸미고 나온 만큼 예의도 함께 챙겼다.

"안녕하세요. 저는 체크인을 하러 온 건 아니고요, 뭐 좀 여쭤보려고요."

상냥한 미소 뒤로 어딘지 궁금해 보이는 얼굴. 그는 무슨 일이냐고 물었고, 나는 이곳에서 일을 해보고 싶다고, 어떤 자격이 필요한지, 이력서는 어떻게 제출하면 되는지 조심스럽게 물었다. 그는 말했다. 영어와 프랑스어는 기본이고, 중국어까지 할 수 있다면 더할 나위 없다고. 아마도 나를 중국인으로 본 걸 수도 있고, 이곳을 찾는 중국인 부호 관광객을 의식한 말이었을 수도 있다. 이력서는 가져오면 자신이 매니저에게 전달해주겠다고 했지만 그 말 한마디로 끝이었다. 더는 어떤 정보도 얻기 어려웠다.

왠지 모르게 허무했다. '이력서를 가져오면 된다'는 말이 정말로 맞는 건지, 아니면 그저 불청객을 매끄럽게 돌려보내려는 핑계였는지조차 애매했다. 일단은 고맙다고 인사를 건네고 나왔지만 뭔가 그들과 나 사이에 얇은 벽 하나가 세워져 있는 기분이라 마음에 걸렸다. 그래도 이해는 갔다. 여긴 유럽 전체를 통틀어도 손꼽히는 고임금 도시 제네바니까. 국경을 맞대고 있는 옆 나라 프랑스와 비교해도 시급이 두 배 이상 높을 정도의 도시니까. 실제로 수많은 프랑스인들이 더 높은 임금을 받기 위해 아침마다 국경을 넘어 제네바로 출근한다.

그러다 보니 당연히 나뿐만 아니라 유럽 사람들 누구나 한 번쯤은 제네바에서 일해보고 싶다는 마음을 품고 문을 두드린다. 어쩌면 나는 그런 사람들과 함께 취업의 높은 문턱 앞에 서 있는 것일지도 몰랐다. 나를 증명해야만 하는 관문을 또 한 번 통과해야만 했던 것이다. 그 순간 내가 아무것도 준비되지 않은 사람이라는 생각이 들었다. 아직 제대로 도전도 하지 않았으면서, 이미 기회가 다 지나가버린 사람처럼 나 자신이 초라하게 느껴졌다. 처음으로 마주한 차가운 현실. 그러나 여기서 물러설 수는 없었다. 다른 전략이 필요했다. 집으로 향할까 하다가 발길을 돌려 다른 부티크숍에 들어갔다.

눈여겨보았던 가방을 덜컥 사게 된 것은 투자였다. 그래, 이것보다 더 많은 돈을 벌 기회가 될 수도 있는데. 까짓것, 이 정도쯤야. 이미 어떤 제품을 살지는 정해져 있었지만 판매 직원의 태도와 손님을 응대하는 기술들을 엿보기 위해 괜히 이것저것 물어보며 시간을 벌었다. 어떻게든 나와 조금이라도 사적인 관계의 느낌을 갖게 만들어 라포를 형성해야만 했다. 드디어 다가온 결제의 순간, 건넸던 카드를 돌려받을 때 지나가듯 툭 물었다.

"혹시 여기, 지금 사람 구하나요?"

그녀는 내 갑작스러운 질문에 살짝 눈이 커졌지만 이내 평정심을 찾곤 지금은 채용 계획이 없다고 말했다. 이어지는 나의 담담한 대답.

"아, 그렇군요. 사실 제가 남편을 따라 이곳에 온 지 며칠 되지 않았는데 일자리를 알아보고 있었거든요. 그런데 마침 손님에게 맞는 적절한 제품을 추천해주고 친절함을 보이는 당신을 보니 여기에서의 일이 참 매력적일 것 같다고 느껴졌어요."

그녀는 방긋 웃으며 고맙다는 말과 함께 자신도 이곳에서 일한 지 3개월이 채 되지 않았다며 부티크숍에서 일하기 위해서는 어떤 능력이 필요한지 친절히 설명해줬다. 그뿐만 아니라 내게 제네바에 살고 있으며 워킹비자를 이미 갖고 있으니 이런 점들을 부각시켜 이력서를 작성한다면 취업이 크게 어렵지 않을 것이라는 작지만 결코 혼자서는 알 수 없던 팁들을 알려줬다. 심지어 원한다면 매니저에게 나를 추천해 주겠다고도 말했다. 비록 갚아야 할 카드 명세서의 숫자는 확 커져버렸지만 이만한 가치가 있었다고 믿으며 지난 선택을 합리화했다.

언어를 배우고 돈을 벌고… 이제 다음 과제는 바로 친구를 만드는 일이었다. 시작하기도 전에 이미 맨땅에 헤딩하는 기분이었다. 이건 일을 구하는 노하우를 얻는 일보다 더 어려워 보였다. 돈으로 친구를 매수할 수는 없지 않은가? 그러니 언어도 어설프고, 신분도 어정쩡한 이방인을 누가 기꺼이 친구로 받아줄 수 있을까. 생각해보면 이 도시에서 나만큼 관계가 간절한 사람이 또 있을까 싶었다. 온라인 정보로는 채워지지 않는 실생활에 밀착된 생생한 정보가 필요했다. 중고 거래는 어떤 플랫폼을 이용해야 하며, 구글 지도로는 알 수 없는 숨은 맛집은 어디에 있는 것이며, 모든 음식점과 상점이 문을 닫는 심심한 일요일에 대체 이곳 주민들은 어디에서 어떻게 여가를 즐기는지 등등… 이런 일상의 정보들. 하지만 그들에게 나는 그저 한낱 관광객처럼 보이는 낯선 타인일 뿐이었다.

또다시 나라는 사람의 쓸모를 증명해야만 했다. 그것도 훨씬 난도가 높은 상황에서 말이다. 제네바에서는 한국에서 이력서에 적힐 법한 스펙은 그 누구도 필요로 하지 않았다. 직관적으로, 지금 당장 보여줄 수 있는 가치를 내세워 사람을 모아야만 했다. 뭐가 있을까? 정답은 가까이 있었다. 그것은 바로 '한국인'이라는 점이었다.

그렇지 않아도 K-컬처가 나날이 인기 있어지는 요즘이지 않나? 한국어를 배우고 싶어 하는 사람이 국제도시 제네바에도 두셋은 있을 것이라 기대했다. 아니, 그래야만 했다. 당장 언어 교환으로 친구를 사귈 수 있는, 가장 다운로드 수가 높은 애플리케이션 하나를 설치했다.

회원가입을 마치니 니에게 이런 물음이 도착했다. '너 친구 없지? 친구 필요하지? 내가 만나게 해줄게. 그런데 공짜는 안돼. 그래도 돈 내고 해결될 수 있다는 문제라는 게 어디야. 그렇지?'라며 과금을 유도하는 창이 떴다. 내 주변에서 이 애플리케이션을 내려받아 사용하는 유저들을 보기 위해서는 돈을 내야만 했다. 부티크숍에서 큰마음 먹고 가방도 샀는데 이 정도쯤이야. 꽤 많은 조건들의 교집합을 필요로 했기에 필수불가결한 선택이었다. 직접 만나서 정기적으로 공부를 할 의지가 있는 사람을 원했다. 그러려면 제네바에 거주하고 있는 사람을 찾아야만 했다.

아, 한 가지 조건 더. 단순히 한국 여자를 만나고 싶어 하는 게 아닌, 한국어를 배우고 싶어 하는 사람이어야만 했다. 비대면 만남을 통해 오프라인 만남을 유도하는 이런 종류의 애플리케이션이 대개 그러하듯 언어 교환을 빌미로 여자를 만나려는 남자들이 많다는 후기를 보았다.

그렇게 추려진 세 명의 친구들. 모두 한국 문화에 관심이 많았으며 그중 두 명은 곧 한국에서 거주할 목적이었기에 배움에 대한 각오가 남달라 보였다.

외국어 공부, 취업, 친구 만들기. 다방면의 명품 되기 프로젝트는 이렇게 시작되었다. 그들의 진지한 태도는 나에게도 새로운 자극이 되었고, 나는 이 만남이 단순한 호기심을 넘어선 새로운 세계의 문을 여는 계기가 될 수 있으리라 예감했다. 비록 처음 만난 사이일지라도, 어떤 밀도 높은 대화는 나의 존재감을 확인시켜줄 수 있을 것이라고 생각했기 때문이다. 그리고 서로 다른 언어권에 살고 있는 사람들과의 융합만으로도 새로운 지식과 문화가 교환되는 장이 열릴 것이라는 기대도 있었다.

만남은 성공적이었다. 솔직히 말하면 기대 이상이었다. 이들과의 교류를 통해 나는 새삼 깨달았다. 진짜 성장은 겉으로 드러나는 성취가 아니라, 언어와 문화, 경제와 사회라는 서로 다른 축들이 안쪽에서 단단히 맞물릴 때 이루어진다는 것을. 본질에 투자하는 과정이야말로 나를 지탱할 유일한 힘이라는 것을. 그렇게 나는 지금 이 소중한 시간들을 단순한 경험의 나열로 두지 않고, 삶의 토대를 깊이 다져가는 기회로 삼기로 했다.

이 도시의 일부가
되고 싶었던 욕망

증명할 것이 없고 가진 것이 부족할수록, 아래에서 위로 올라가고 싶은 마음이 크면 클수록, 더욱 그럴듯하게 보여야 한다. 자신의 삶이 마음에 들지 않아 스스로 새로운 삶을 창조했다고 말한 프랑스 디자이너 가브리엘 샤넬의 말처럼 말이다. 고아원에서 자라며 세상의 벽이 얼마나 높고 차가운지 누구보다 일찍 알아버린 샤넬은, 그래서 남들보다 더 절실하게 위로 올라가고 싶었기에 그럴듯해 보이는 법부터 연습했다고 한다.

옷을 잘 입는 건 기본이며 말투, 태도, 시선 하나까지도 이미 상류층 여성인 것처럼 자신을 꾸몄다. 아직 갖지 못한 걸 숨기기보단, 먼저 그 모습을 입어보는 용기가 필요하다는 걸 알고 있던 그녀. 고도의 연출을 통해 결국 그 자리에 올라선 그녀의 이야기를 나도 따라해보기로 했다. 누군가는 허세라 부를지 몰라도 나만 만족하면 되는 결과를 만들어내면 되니까.

세 명의 친구들과의 주기적인 만남을 약 3개월 정도 가질 때쯤이었다. 모임의 시작은 언어였지만 어떻게 사람 사는 얘기를 하지 않을 수 있겠는가? 퇴근 후 나를 만나는 그들은 종종 자신들의 회사 이야기를 들려주었고 주말에 친구들과 어디에 놀러갔는지 등의 정보를 공유해주었다. 욕심이 생겼다. 나도 '그들만의 리그'에 들어가고 싶었다.

통계에 따르자면 제네바시에 거주하는 사람의 50.7퍼센트는 스위스 국적의 사람이 아니다. 높은 임금을 위해 근처 유럽뿐만이 아닌 아프리카와 중동아시아의 사람들까지 이곳으로 터전을 잡고 살아가고 있다고 한다. 40개 이상의 국제기구 본사를 둔 제네바답게 그만큼 각자의 다양한 문화적 배경과 개성을 존중해주는 분위기다. 그러나 이걸 뒤집어본다면 '진짜 스위스 사람'들은 내심 이곳에서 생활한 지 얼마 되지 않은 이민자들과는 차별화된 자신들만의 언더그라운드를 암묵적으로 갖고 있다는 뜻이기도 했다. 대체 그 이너서클은 어디일까? 나는 몹시 궁금했다.

궁금했다. 경험해보고 싶었다. 하지만 그들과 이야기를 나누면 나눌수록 애초에 나는 그 중심부에 들어갈 수 없다는 것을 깨달았다. 이것은 자신감 부족 차원의 문제가 아닌 현실적인 접근이었다. 그렇다고 이 탐구를 위해 이곳에서 대학교를 다시 다니고 졸업해 그들을 직장에서 만날 수는 없는 노릇이었다. 그러나 문제는 해결하라고 존재하는 것. 이곳에서 일하는 사람들과 어울릴 수 있는 방법을 알아내야만 했다. 그 방법은 바로 '공유오피스'로 출근하는 것이었다.

이곳 제네바에서도 가장 중심가에 있는 공유오피스에 매달 100만 원가량의 돈을 기꺼이 투자하기로 결심했다. 가장 쉽고 빠르게 그들을 이해하려면 그들 틈에 섞여야 했다. 그 분위기를 확실하게 눈으로 관찰하고 싶었다. 그리고 내가 어떤 사람인지도 그들에게 직관적으로 증명하고 싶었다. 물론 제네바에서 사람들을 만날 수 있는 모임은 다양했다. 일주일에 한 번씩 특정 펍에서 만나 다양한 언어를 배우며 친구를 사귀는 모임, 보드게임 카페에서 게임을 매개로 낯선 이들과 가까워지는 모임, 주말 아침 레만 호수 근처를 뛰고 난 뒤 브런치를 함께 먹는 모임 등등. 나는 이 모든 모임에 참여해 경험해봤지만 한계가 있었다.

가볍게 즐기기에는 충분했지만, 대부분의 모임은 공통의 목표가 부재했다. 술잔이 비워지면 대화도 흐지부지 흩어지고, 게임이 끝나면 관계도 함께 종료되곤 했다. 순간의 친밀함은 있었지만 끈끈하게 이어지는 결속력은 없었다. 조금 더 개인적인 유대가 이어지면서도, 나의 정체성과 사회적 자리매김을 드러낼 수 있는 그 무언가를 갖기 위해서는 어느 정도의 허들이 존재하는 곳이어야만 했다. 그리고 나는 그 허들에 기꺼이 다시 투자할 의향이 있었다.

내가 선택한 번화가의 공유오피스 월 사용료는 약 100만 원 정도였는데, 이는 해당 오피스의 가장 낮은 옵션이었지만 당시 내 경제적 수준에는 가장 적합한 금액이었다. 가장 가성비가 좋은 선택이기도 했다. 내가 머무는 공유오피스는 한 건물을 통째로 빌려서 사용하고 있는데 0층은 나처럼 코워킹 스페이스, 그러니까 나만의 지정된 좌석이 없고 그날그날 선착순으로 자리를 차지하는 일종의 열린 도서관 같은 개념의 사무 공간이었다. 그 위에 있는 층들은 지정된 좌석 혹은 사무실이 있는 공간들이었다.

만약 내가 월 300만 원의 돈을 내고 나만의 1인 사무실을 이용한들 뭐가 달라질까? 전혀. 공유오피스에서 하는 일이라곤 혼자 글을 쓰거나 책을 읽는 것 정도. 또는 프랑스어를 같이 공부할 친구들을 초대하는 것뿐인데 말이다. 월 100만 원짜리 공유오피스는 '있는 척을 할 수 있는 방법' 중 가장 가성비 좋은 선택이었다. '내 수준을 객관적으로 파악한 뒤 과감하게 투자하라'는 숱한 자기계발서의 조언에 따라, 나는 꿈을 꾸더라도 그것을 빠르고 효율적으로 달성하기 위해 스스로를 냉정하게 평가했고 내가 가진 조건 안에서 최선의 수를 찾았다.

공유오피스를 이용하기로 한 투자가 과연 성공적이었을까? 내게 더 큰 이익을 가져다줬을까? 선뜻 대답하기 어렵다. 알 수 없다. 인생을 살아가면서, 그것도 특히 인간관계에서 수학적으로 딱 맞아떨어지는 일대일 대응은 없을 것이다. 그래서 나의 수많은 투자 중 몇 개는 아무 일도 일어나지 않았을 수도 있다. 매달 빠져나가는 100만 원의 비용이 그 값

어치를 못 할 때도 있을 것이다. 모든 일이 다 뜻대로 풀릴 수는 없는 법이다. 그렇다고 해서 그것을 실패로 기억하지는 않는다.

잘 안 풀리는 일들에 대해서는 '그럴 수도 있지' 하고 넘겨버리기로 했다. 그래서인지 그런 기억들은 오래 머물지 않는다. 너무 하나하나 따지고 기대하다 보면, 오히려 손익 계산이 철저해져 손해 보는 것이 두려워 이런 행동이 어려워질 수도 있기 때문이다. 도전해볼까 말까 고민만 하다가 결국 아무런 지출이 없는 건, 아무런 소득이 없다는 것과 똑같은 의미다.

2만 원 쓰고 10만 원어치 깨달음을 얻어가면 된다. 10만 원 쓰고 50만 원 얻으면 된다. 100만 원 투자해서 1000만 원으로 불리면 된다. 그 시점이 언제가 될지는 모른다. 다만, 빠르게 앞당기기 위해 부지런히 움직이는 것일 뿐이다. 만약 내가 큰돈을 내고서 3개월 안에 여기서 어떤 수확을 얻어야 한다고 계획했다면, 시간이 지날수록 조급해지는 마음에 무리수를 두었을 수도 있고, 누군가를 소개해 달라고 인맥에 매달리거나 혹은 계약 기간이 끝났을 때 '아, 별거 없었네!'

라며 이런 삶의 태도를 종료시켰을 수도 있다.

그러나 나는 그 태도를 종료시키지 않기로 했다. 결과가 없다고 해서 의미가 없는 것은 아니니까. 투자란 언제나 숫자로 환산되지 않는 가치를 남기기 마련이다. 그것을 발견하고 발견하지 못하고는 개인의 몫이다. 그 공간에 흘려보낸 시간, 낯선 이들과 주고받은 짧은 인사, 매일 같은 자리에 앉아 '나도 이 도시의 일부다'라고 느낄 수 있었던 그 감정들, 바이브. 어쩌면 그게 내가 그토록 원하던 수익이었는지도 모른다. 샤넬이 옷을 통해 자신을 창조했듯, 나는 그 공간을 통해 나를 다시 연출해낸 셈이었다. 있는 척이 아니라, 결국 '있게 된' 사람으로.

기회는
자기 연출에서 시작된다

새 공유오피스에서 나는 본격적으로 인맥을 쌓아 나가기 시작했다. 이때 사람들에게 가장 직접적이며 직관적으로 드러낼 수 있는 것은 겉으로 보이는 외모였다. 눈·코·입이 예쁘게 생겼다거나 날씬한 몸매를 가져야 한다는 뜻이 아니라, 자기 관리가 잘되어 있다는 인상을 주는 것. 그래서 한국에서 살 때보다 더 자주 화장을 하고 옷차림에도 신경을 쓰고 매일같이 머리를 단정히 다듬었다. 누군가의 시선이 머무르는 순간, 그 자체가 대화의 시작이 될 수 있으니까.

이런 작은 습관들은 자연스럽게 내가 어떤 자리에 서야 하는지를 깨닫게 해주었다. 제네바의 가장 부유한 곳에 위치한 공유 오피스에 자리를 잡은 것도 같은 맥락이었다. 단순히 책상 하나를 얻기 위해서가 아니었다. 그 공간에 흐르는 분위기와 사람들 속에서 내 위치를 확인하고 싶었고, 나 역시 그 무리에 속해 있다는 감각을 누리고 싶었기 때문이다.

한국에서 내가 활용했던 전략들은 이곳에서도 유효했다. 좋은 곳, 더 높은 곳에서 기회를 볼 수 있다면 시간과 에너지는 물론, 감당 가능한 범위 안에서 돈까지도 투자하는 것. 그렇게 얻어지는 만남과 관계들로 내 삶은 원하는 방향으로 조금씩 확장되기 시작했다.

이렇게 친구들을 일주일에 한두 번씩 이 공유오피스로 불러들였다. 앞서 말했던 언어 교환 앱에서 알게 되어 함께 공부하는 스위스와 프랑스 친구들이다. 그들로서는 나는 가진 게 '없어 보이는' 사람일 수도 있다. 낯선 곳의 이민자이며 프랑스어를 잘 구사하지 못하는 일종의 부적응 외국인이니까. 그렇기에 나는 나를 지켜야 한다고 생각했다. 무엇으로? 이미지로. 분위기로. 그럴듯하게 보이는 것으로.

우리 한번 상상을 해보자. 당신이 한국에 몇 년 살게 된 프랑스 친구와 언어 교환을 시작했다. 일주일에 한두 번 정기적으로 만날 예정이라 장소를 논의하고 있고, 당신은 카페나 도서관을 추천하려 했지만 이 친구가 강남의 한 공유오피스에 매달 이용료를 내고 있기에 그곳으로 와도 된다고 제안한다.

초대에 응해 그곳에 가보니, 프로페셔널함이 느껴지는 사람들이 초고층 뷰를 배경으로 일하고 있고, 그 친구 또한 그 분위기에 어울려 당신을 여유롭게 맞아준다. 시끌벅적한 카페에서 좋은 자리를 잡기 위해 신경을 써야 하는 것과 달리 여유로운 오피스에서 당신은 편하게 공부할 수 있다. 심지어 당신이 이곳에 올 때마다 리셉션 직원이 친절한 인사로 맞이해주며 커피까지 내어준다. 당신은 이 친구에 대한 이미지를 어떻게 느끼겠는가? 이것 하나만으로 그 친구에 대한 이미지를 완전히 뒤집을 수는 없겠지만, 적어도 다시 한번 바라보는 계기는 될 것이다. 그리고 그 뇌리에 남은, 말로 표현하기 어려운 복합적인 이미지가 어떠한 결정적인 순간에 그에게 기회를 주는 발단이 될 수도 있다.

그래서 그 친구들에게 잘 보여서 남는 것이 무엇이냐고 묻는다면 잘 모른다. 그들에게 직접 물어본 적도 없고, 물을 이유도 없다. (물어본다면 여태 계획한 이미지는 물거품이 되어버리니까. 우습지 않겠는가?) 잘 모르겠다고 말했지만 분명 무의식 속에는 내가 그동안 이런 태도로 이득을 본 경험들이 많았기에 관성적으로 행동한 것일 수도 있다. 나는 그저 이런 태도를 평생 가져가고 싶은 것이다.

처음엔 망설일 수밖에 없었다. 그러한 결정을 내리기가 쉽지 않았으니까. '과연 이만큼 결과를 얻을 수 있을까? 이러다 그냥 돈 날리는 거면 어떡하지? 거기에 별사람이 없는 거면 어떡하지?' 이렇게 생각하다 보면 할 수 있는 건 아무것도 없더라. 손해 보고 싶지 않은 마음으로는 그 어떤 값진 것도 얻을 수 없다는 사실을 알게 되었다.

개인적인 발전은 물론, 인간관계도 마찬가지다. 상처받기 싫고, 저 사람이 나한테 관심이 없으면 어떻게 할까 두려워 다가가지 못하는 마음. 나는 저 사람이 마음에 들었는데, 저 사람은 혹시 나를 싫어할까 봐 먼저 문을 닫는 마음. 먼저 사과하고 싶지만 내가 을이 되면 어쩌나 두렵고, 저 사람이 내 사과를 받아주지 않으면 자존심이 상할 것 같아 먼저 손을 내밀지 못하는 마음…. 이런 '손해 보기 싫은 마음'은 나를 한 발짝도 움직이지 못하게 했고, 결국 놓쳐버린 기회들만 아쉬움으로 남았다.

어디서 어떻게 행운은 찾아올지 모른다. 누구로부터 기회를 받게 될지 모르는 상황에서는 이런 태도를 기본값으로 가져가는 것이 차선이며, 동시에 최선이다. 이곳 공유오피스에 적을 둔 것만이 원인은 아니겠지만, 그것이 친구들이 나를 '그래도 이상한 사람은 아닌, 배움에 적절히 투자할 줄 아는 안목 있는 사람'이라고 인지해줬던 이유 중 꽤 큰 비중을 차지한다는 것을 분명하리라. 아무튼 그 이후로 그들은 모두 내게 자신의 친구들을 소개해주며 새로 생기는 괜찮은 모임에 끊임없이 초대장을 보내줬다.

내가 진정 원했던 체험은 이런 것이었다. 몇 주, 몇 달 머물다 떠나는 뿌리 없는 이방인은 결코 알 수 없는 문화들. 나를 처음 본 이들이 어떻게 나를 평가할지는 중요하지 않았다. 후한 평가까지는 바라지도 않는다. 경험할 기회에 놓여 있다는 것만으로도, 일기장에 신나서 글을 쓸 소재가 생겼다는 것만으로도 만족하니까.

어쩌면 방법을 모르고 기회가 없는 사람에게는 돈이 가장 쉽고 간편한 수단이 될 수도 있다. 그들과의 접점을 만들 기회를 돈으로 살 수 있다는 점에서 말이다. 경제 자본을 통해 사회적 자본, 즉 돈을 통해 인맥을 얻는 일은 일상에서도 흔히 볼 수 있으니까.

그러므로 결국 그 돈을 쓸 수 있느냐 없느냐는 배짱과 배포의 문제로 귀결된다. 진짜 그 돈 몇십만 원, 몇백만 원을 투자해서 그 이상의 가치를 돌려받는 그런 일회성에 그치는 단순 인과관계를 말하는 게 아니다. '까짓것 해보지 뭐', '이 돈 없다고 큰일 나겠어?', '안되면 그때 가서 또 다른 방법을 찾으면 되지'라는 공격성, 배포, 삶에 대한 가벼운 태도. 결국은 자기 확신인 것이다. 단, 자신이 감당할 수 있는 범위 내에서 말이다.

인생이란 결국 스스로 감당할 수 있는 자신만의 확신의 범위를 온몸으로 부딪히며 넓혀 나가는 과정이 아닐까?

부티크숍에서 시작된
작은 모험

이 세상을 살아가며 꼭 혼자 다 해내야만 잘 사는 걸까? 나 혼자서 모든 걸 해결해야만 대단한 사람처럼 보일까? 예전의 나는 그렇게 믿었다. 누구의 손도 빌리지 않고 온전히 내 힘으로 일어서야 진짜 멋진 사람이라고, 그래야만 인정받는다고. 뭐든 처음부터 끝까지 내 손으로 해내야 마음이 놓였고, 그래야만 자존심이 세워지는 줄 알았다. 하지만 지금은 조금 달라졌다. 때로는 내가 다 하지 않아도 되는 길이 있다는 것. 조금 더 편한 길이 있다면 그걸 찾는 것도, 그 길을 걷는 것도 어쩌면 충분히 괜찮은 일일지도 모른다고.

'레버리지'라는 개념을 들어본 적이 있을 것이다. 적은 힘으로 더 큰 효과를 얻는 방식. 부동산이나 사업 이야기에서

나 나올 법한 단어지만, 인생에도 레버리지가 있다고 믿게 되었다. 한때 외국에서 살아보고 싶다는 막연한 꿈이 있었지만, 현실은 생각보다 훨씬 복잡했다. 머릿속으로 수백 번 그려봤지만 비자 문제, 집 계약, 언어까지 하나하나가 모두 내겐 높은 벽이었다. 막상 실행하려니 어디서부터 시작해야 할지조차 막막했다. 그런데 지금 나는 이렇게 외국에서 살아가고 있다. 조금은 허무하게 들릴 수도 있겠지만, 결혼 덕분이다.

어렴풋이 알고 있었다. 그 사람이 내게 열어줄 수 있는 새로운 환경, 새로운 기회들. 물론 사랑과 믿음이 먼저였고, 그런 것들은 어디까지나 부차적인 옵션이었다. 하지만 그 사실을 외면하지는 않았다.

인간관계에서의 레버리지를 솔직하게 받아들이자 오히려 내가 단단해졌다. 인생은 혼자 완성해야 하는 퍼즐이 아니라는 것을, 때로는 누군가의 힘을 빌려 더 멀리 가는 것도, 내 에너지를 지키는 현명한 전략이 될 수 있다는 것을 받아들였다. 그래서 결심이 빨랐다. 두려움보다는 기대가 앞섰다.

물론 이 말이 누군가에게 기대는 기술처럼 들릴지도 모

른다. 하지만 그전에 꼭 필요한 조건이 있다. 바로 나 역시 누군가의 눈에 '함께할 만한 사람', '시간과 에너지를 쓸 가치가 있는 사람'으로 보여야 한다는 사실이다. 가만히 앉아 있기만 해서는 기회가 굴러오지 않는다. 나를 먼저 드러내고, 상대에게 줄 수 있는 무언가를 갖추고 있어야 한다. 그래야 서로가 서로의 레버리지가 될 수 있다. 일방적으로 받기만 하는 관계가 아니라, 내가 가진 것을 내어주고 타인의 도움을 기꺼이 받아들이는 태도. 그렇게 관계는 흐름을 타듯 살아 움직이고, 그 흐름이 언제 어떤 방향으로 내게 되돌아올지는 알 수 없지만 일단은 믿어보는 것이다.

얼마 전의 짧은 만남에서 그 사실을 다시 느꼈다. 친구와 함께 제네바의 럭셔리 부티크숍 몇 곳을 돌아다녔고, 그 과정에서 두 명의 현지 인맥을 얻었으며 한 명과는 다음 약속까지 잡았다. 심지어 매니저에게서 이력서를 가져와 보라는 제안까지 받았다. 이 경험은 내가 사람을 만나는 방식, 즉 레버리지를 쌓는 전략이 유효하다는 걸 확인시켜주었다. 이때 깨달은 세 가지가 있다.

첫 번째는 겉모습이었다. 직원들이 한눈에 알아볼 만한

브랜드의 액세서리와 시계를 착용했고, 가진 옷 중 가장 고급스러운 소재와 구두를 골랐다. 화장 역시 평소보다 정성을 들였다.

두 번째는 언어였다. 궁금한 점을 영어로 구체적으로 물었고, 사소한 인사는 프랑스어로 주고받았다. 겉만 번지르르하면서 말 한마디 못하는 사람으로 비춰지고 싶지 않았기에, 그동안 쌓아온 시간과 노력이 빛을 발하는 순간이었다.

세 번째는 태도였다. 명품 매장은 SPA 브랜드 매장과 달리 사람을 압도하는 분위기가 있다. 시선이 쏠리고, 평가받는 듯한 긴장감이 감돌았다. 하지만 그 앞에서 주눅 들지 않고 친구와 함께 불가리 매장에 들어섰다. 그들이 음료를 권했을 때는 탄산수를 요청하며 자연스럽게 대화를 이어갔다. 매장을 둘러보다 인턴처럼 보이는 젊은 직원을 발견했을 때, 나는 미소를 띠고 정중하게 물었다.

"안녕하세요? 주얼리에 관한 건 아니고요. 제네바에서 일자리를 찾고 있는데, 이런 곳에서 일해보고 싶어요. 한국에서 관련 경험도 있는데 혹시 정보를 얻을 수 있을까요?"

그녀는 세계 최고 수준의 호텔경영대학 중 하나인 스위스 로잔에 위치한 EHL에 재학 중이었다. 자신의 배경을 간단히 설명하며 루트를 알려주었고, 매니저를 불러주겠다며 적극적으로 도와주려 했다. 매니저는 바빠서 만날 수 없었지만 그 대신 그녀는 내게 명함을 주며 "일자리를 구하는 데 관심이 있다는 걸 전해주겠다"라고 했다. 그리고 "오늘 착장이 예뻐요", "부모님이 제네바에 계셔서 자주 와요", "로잔에 오면 연락해요"라고 말하며 작은 호감의 표시도 보였다. 그 순간, 이 인연을 흘려보내고 싶지 않았다. 연락처를 바로 묻기보다는 조금 더 자연스럽게 다가가고 싶었기에 나는 말했다.

"다음에 제네바에서 커피 한 잔 했으면 좋겠어요."

그녀는 미소를 지으며 번호를 건넸고, 편하게 메시지 하라고 했다. 나는 한국에 잠깐 다녀올 예정이라 그 이후에 다시 만나자고 했다. 떠나기 전 나는 물었다.

"혹시 좋아하는 한국 화장품 브랜드 있어요? 일주일 뒤에 돌아오는데 원하면 사다 드릴게요."

그녀는 여드름이 고민이라며 특정 제품을 부탁했고, 나는 흔쾌히 수락했다.

그렇게 몇 번의 만남과 메시지를 통해 제네바 부티크에서 일하는 방법과 내부 이야기를 들을 수 있었다. 특별한 행운이 아니었다. 필요한 건 가벼운 용기, 사소한 태도, 그리고 주변의 도움을 기꺼이 활용하는 마음뿐이었다. 결국 인생을 바꾸는 건 이런 작은 차이에서 비롯된다. 쉬운 길이 있다면, 그 길을 택해도 된다.

여기서 끝이 아니다. 그날 불가리 매장에서 또 한 명의 인연을 만들었다. 친구가 결제를 마치고 잠시 자리를 비운 사이, 나는 그곳에서만 18년째 일하고 있는 베테랑 직원에게 말을 걸었다.

"나는 불가리를 너무 사랑해요. 불가리가 주는 단순한 럭셔리함을 넘어서, 이 디바스드림(불가리의 대표적인 주얼리 컬렉션 중 하나)의 디자인에서 오는 영감에 늘 고무되곤 해요."

굳이 이렇게 말한 데는 이유가 있다. 그녀는 이곳에서 20

년 가까이 일한 베테랑이고, 아까 우리에게 열정적으로 팬던트 문양에 관한 스토리를 들려주었던 사람이기 때문이다. 그걸 기억하고 있다는 걸 보여주고 싶었다. '나는 당신의 전문성을 높이 평가하고, 당신이 해준 이야기를 귀 기울여 들었어요'라는 메시지를 담고 싶었다.

그녀 역시 반가운 표정을 지으며 물었다.

"한국에서도 불가리가 인기 있어요?"

우리는 그렇게 가벼운 대화로 시작해 자연스럽게 이야기를 이어갔다. 그리고 나는 다시 한번 살며시 본론을 꺼냈다.

"사실 한국에서도 불가리 매장에 갈 때마다 이런 곳에서 일해보고 싶다는 생각을 했어요. 그런데 제네바는 훨씬 멋질 것 같아요. 다양한 사람들을 만나면서 영어와 프랑스어를 동시에 쓸 수 있으니까요. 이런 곳에서 일하려면 어떤 자격이 필요할까요?"

누군가가 당신의 일을 멋지다고 말하며, 당신처럼 되고

싶다고 고백하는 사람을 외면하기는 어렵다. 대다수의 사람은 자신이 해온 일을 인정받고 싶어 하고, 누군가를 돕고 싶어 하니까.

그녀는 친구가 돌아온 뒤에도 대화를 멈추지 않았다. 오히려 더 적극적으로, 이곳에서 일하기 위해 어떤 과정을 거치면 좋을지 10분 넘게 설명해 주었다. 단순한 매장 직원뿐 아니라 내가 가진 역량을 살려 도전할 수 있는 다른 가능성까지 알려주었다. 나는 조심스레 명함을 요청했고, 그녀는 미소를 지으며 건네며 말했다.

"언제든 연락해요."

그 순간 나는 몇 가지를 떠올렸다.

첫째, 그녀의 도움에 대한 감사 인사를 전할 것.
둘째, 그 고마움을 표현하기 위해 한국에서 화장품을 사다 줄 것.
셋째, 그 선물을 직접 전하며 다시 만날 기회를 만들 것.

물론 그녀가 화장품만 받고 끝낼 수도 있다. 하지만 아닐 수도 있다. 나는 그 가능성에 베팅하기로 했다. 무리하지 않는 선에서, 가벼운 마음으로. 기회는 종종 사람을 통해 오고, 혼자서는 열 수 없는 문도 누군가의 손끝에서 열리곤 한다. 그래서 일단 부딪혀 보는 것이다.

제네바에서 이런 방식으로 맺어진 인연은 점차 확장되었고, 그 속에서 나는 서서히 신뢰와 평판을 쌓아갔다. 이곳에서는 링크드인 같은 온라인 공고보다 지인의 추천으로 채용이 이뤄지는 경우가 훨씬 더 많다. 결국 중요한 건 '검증된 사람', 즉 믿을 수 있고 직접 얼굴을 마주한 사람이 되는 일이다. 너무도 당연한 이 원리를, 나는 제네바에서 작은 용기와 태도로 하나씩 실천해 나가고 있었다.

Savoir
vivre

Équilibre

흔들림 속에서 균형을 찾다

Équilibre
_____

서로 대립되는 요소들 사이에서
적절한 비례가 이루어질 때 생겨나는
안정과 조화의 상태.

감정의 낭비 앞에서
품위를 지키기로 했다

무언가를 욕망하고, 내 손으로 직접 해내야만 직성이 풀리고, 여의치 않으면 불안 속에서 전전긍긍하던 시간이 있었다. 삶이 풍요롭게 성장하는 데 필수 불가결했던 시간들. 하지만 영원히 이렇게 살 수는 없는 법이다. 내려놓을 줄 아는 용기가 필요했다. 그 분기점이 내겐 제네바로 삶의 터전이 바뀌던 때였다.

근 10년 가까이 분야만 달랐지, 사람들의 마음을 얻는 일을 해오며 깨달은 것은 애초부터 내게 마음이 없는 사람에게 다가가 마음을 얻으려고 노력하는 것은 효율이 아주 떨어진다는 사실이었다. 어차피 내게 마음을 주지 않을 사람에게 시간과 에너지를 투입하느니, 그 시간과 에너지를 사람을

'구별'하는 데 쓰는 것이 훨씬 효과적이었다. 만약 아니라면 과감하게 포기하고, 마음이 열릴 것 같다면 온 힘을 다한다. 이것이 나에게 건네는 메시지 중 하나였다.

삶도 마찬가지였다. 어떻게 하면 내 삶을 조금 더 단순하게 만들까. 이왕이면 힘 안 들이고 편하게 살고 싶은 베짱이 과에 속하는 나였다. 적게 고민하고, 적게 부딪히고, 덜 지치는 쪽으로 방향을 틀기로 했다. 그러려면 한계가 있는 에너지의 총량을 아껴야 했다. 영업과 마케팅의 법칙은 인생에도 유효하게 적용되었다. 특히 눈에 보이지 않는, 나 홀로 관계를 꾸며나갈 수 없는 인간관계에서는 더욱 유용하다.

프랑스어 학원에 등록하기 위해 몇 번의 체험 수업에 참여했을 때의 일이다. 여덟 명 남짓한 학생들이 동그랗게 둘러앉아 있었고, 각자 다른 이유와 문화적 배경으로 언어를 배우러 온 사람들이었다. 한국인, 아니 아시아인은 나뿐이었다. 그러나 이상하게도 그 사실이 위축되진 않았다. 오히려 '이렇게 다양한 사람들과 같은 목적을 두고 수업을 듣다니' 하는 설렘이 앞섰다.

수업이 시작되었고, 선생님은 빠른 속도로 프랑스어로 설명을 이어갔다. 다른 학생들은 이미 진도를 따라가고 있었지만 나는 어딘가 문법이 막히고 발음이 낯설어 자꾸 진도를 놓쳤다. 이해되지 않는 부분이 생길 때마다 손을 들고 다시 한번 설명을 부탁했다. 그때였다. 내 앞에 앉아 있던 어떤 이가 매번 몸을 돌려 내게 대신 답을 해주는 것이었다. 처음에는 그의 행동이 친절하다고 생각했다. 하지만 몇 번 반복되자, 그것이 친절이 아니라 '비웃음에 가까운 배려'라는 걸 알 수 있었다. 그는 고개를 살짝 젖히며 '그런 것도 몰라?'라는 표정을 지었고, 어느새 내 질문은 그를 위한 오락거리가 되어버린 듯했다. 결정적인 건 그가 내 발음에 대해 웃으며 던진 한마디였다.

"아시안에겐 R 발음이 어렵지? 비슷한 소리가 있어? 없을 것 같은데."

한국어에도 R 계열의 소리는 분명히 있다. 그건 틀린 말이었다. 하지만 중요한 건 그와 사실 여부를 따지는 게 아니었다. 그의 말 속에 담긴 진짜 의도는 언어가 아니라 편견, 고정관념이었다. 그리고 명백한 인종차별이었다.

처음엔 그를 이해하려 했다. 내가 조금 더 친절하게 대하면 그도 내게 사과하지 않을까, 나를 오해하지 않도록 잘 설명하면 달라지지 않을까… 내가 학원을 다니는 이유는 언어를 배우는 것뿐만이 아니라 친구를 사귀는 것도 포함되어 있었기에, 사람들에게 좋은 인상을 남기고 관계를 만들어가는 것도 무척 중요했으니까.

하지만 그렇게 힘을 쏟는 동안 내 에너지가 새어나가고 있다는 느낌을 지울 수 없었다. 스스로에게 물었다. 좋은 사람으로 보이려 애쓰는 게 얼마나 소모적인 일인지 잘 알면서도, 왜 또 같은 실수를 반복하는 걸까. 그것도 나에게 처음부터 호의적이지 않은 사람에게까지. 혹시 나도 모르게 인종차별이라는 폭력에 무뎌진 건 아닐까. 그 생각이 마음 한가운데를 스쳤다. 그냥 넘기면 두고두고 후회할 것만 같았다. 무엇보다 이런 일을 또 마주했을 때에도 '별일 아니야'라며 넘겨버릴 것 같아서, 이번엔 다르게 행동하기로 했다.

다음 날, 그가 또 한 번 내 쪽을 돌아보며 비아냥거리는 표정을 지었을 때 나는 조용히, 그러나 단호히 말했다.

"난 선생님에게 물었지, 너한테 묻지 않았어."

그는 멈칫하더니 아무 말 없이 고개를 돌렸다. 나 또한 더 이상의 논쟁을 이어갈 이유는 없었다. 그러고선 다른 멤버들에게 모르는 것을 묻고, 쉬는 시간엔 서로의 이야기를 나누는 등 에너지의 방향을 바꿨다. 더 이상 그 친구에게 '나는 네가 생각하는 만큼 얕잡아볼 사람이 아니야'라는 메시지를 전하려 노력하지 않으니 마음이 훨씬 가벼워졌다. 애초부터 내 존재를 가볍게 여긴 사람에게 나를 증명하려는 일만큼 비효율적인 일도 없었던 것이다.

그날을 마지막으로 그 학원에는 더 나가지 않았다. 등록하기 전이었기에 별다른 절차 없이 쉽게 그만둘 수 있었다. 수업 방식이 내가 생각했던 방향과 달랐던 것도 있지만, 어쩌면 그와의 껄끄러운 관계가 그만둔 또 다른 이유였을지도 모르겠다. 교실을 나설 때 이상하게도 후련했다. 싸워서 이긴 것도, 정의를 실현한 것도 아닌데 말이다. 단지 내가 신경을 써야 할 사람과 그렇지 않을 사람을 구분한 것, 그 중요성을 깨달았다는 사실 하나만으로도 이렇게 마음이 편해질 수 있다는 것이 새로웠다. 이건 냉정한 태도가 아니라 삶의 효율에 관한 문제다. 감정도 에너지고, 에너지에는 언제나 한계가 있으니까.

종종 이런 고민을 털어놓는 독자들이 있다.

"제가 오늘 친구를 만났는데요. 오늘따라 왠지 저랑 이야기하기 싫어하는 것 같더라고요. 그래서 괜히 눈치를 보다가 돌아왔어요. 혹시 저한테 화난 게 있는 걸까요?"

그렇게 나직한 목소리로 묻는 얼굴을 보면 나도 한 박자 늦게 숨을 고르게 된다. 이게 정말 그럴 만한 일인가 생각하게 되는 것이다. 또 있다. 당신이 오늘 어떤 가게에 들어갔다고 가정해 보자. 그게 카페든, 미용실이든, 마사지샵이든. 그런데 이상하게도 직원이 유독 당신에게만 시큰둥하게 구는 것처럼 느껴진다. 별일 아니라고 넘기려 해도 자꾸만 마음이 거슬린다.

'내가 뭘 기분 나쁘게 했나? 나한테만 왜 이러는 거야? 말을 해야 하나? 그냥 넘어가야 하나?'

마음속으로 수없이 생각이 돌고 돈다. 그러다 결국 단체 채팅방이나 익명 게시판 같은 곳에 질문을 올린다.

"제가 뭘 잘못한 걸까요? 저 사람 이상한 거 맞죠?"

그 순간 묻고 싶은 말이 떠오른다. 혹시, 오늘따라 친구가 왜 말을 걸지 않았는지 사실 당신도 모르는 게 아닐까? 차라리 상상하지 말고, 조심스럽게 직접 물어볼 수도 있었을 텐데. 또 가게 직원이 왜 유독 나에게만 불친절한지를 혼자서 마음대로 추측해버린 건 아닐까? 어쩌면 당신 스스로가 만들어낸 작은 피해의식에 스스로 빠져버린 건 아닐까? 물론 그게 고급 서비스를 받는 자리였다면 충분히 정중하게 불편함을 말해볼 수도 있었을 것이다. 하지만 그게 아닌 상황이라면 어쩌면 그냥 신경을 끄는 게 더 나은 일이었을지도 모른다.

왜? 중요한 일이 아니니까.
허무하리만큼 간단한 이유이지 않은가.

쓸데없는 것에 집착하지 않는 연습이 필요하다. 그러기

위해서는 이것이 쓸모 있는 일인지 아닌지를 구분해내는 시행착오와 더불어, 쓸모가 없다고 판단되면 과감히 버리는 태도도 습관으로 익혀야 한다. 괜히 남의 마음을 내가 원하는 대로 조종해보려는 그 시도 자체가 이미 불필요하다. 사실 이건 단순히 인간관계에서만 해당하는 이야기가 아니다. 인생 전체를 가볍게 만들어 주는 아주 유용한 태도이기도 하다. 어떤 고민과 걱정이 생긴다면, 먼저 스스로에게 조용히 물어본다. 이 고민이 정말 내 시간을 들일 만큼, 내 에너지를 쓸 만큼 가치 있는 일인지.

만약 그렇지 않다면, 즉 내가 통제할 수 없는 일이라면 그냥 흘려보내도 괜찮지 않을까. 괜히 그런 일에 힘을 쏟아 정작 중요한 나를 다치게 하고 싶지 않다. 아무렇지 않은 듯 보이는 고민도 마음 한쪽에 오래 담아두다보면, 어느새 몸까지 무거워질 수 있다. 짜증이 나면 얼굴이 굳어지고, 결국 표정이 쌓이면 주름이 되고, 마음이 지치면 소화도 안 되고, 몸까지도 따라 무너질 수 있다. 그러니 지금 이 순간, 내 안의 불필요한 생각들을 하나씩 털어내보는 건 어떨까. 아주 사소한 것부터라도. 그렇게 가볍게, 조금씩.

사실 그렇다. 친구든, 한 번 보고 끝날 사람과의 관계든, 어쩌면 남자와의 관계까지도. 내가 살아가는 것에 큰 위협이 되지 않는 일이라면, 웬만한 건 그냥 흘려보내는 게 낫다고 생각한다.

결혼을 하고 나서야 알게 된 건데, 부부 간의 다툼이라는 게 생각보다 너무 사소한 데서 시작된다는 것이다. 들어본 적 있을 것이다. 아니, 어쩌면 이미 당신도 겪어봤을지 모른다. "왜 변기 뚜껑을 또 안 내렸어?", "왜 치약을 꼭 중간부터 짜는 거야?", "양말 좀 뒤집지 말고 제대로 넣어놓으라고 몇 번이나 말했잖아." 이런 걸로 참 많이도 부딪힌다. 당연히 짜증 나는 일이다. 별것 아니라고 넘기기엔 은근히 신경이 쓰인다.

그런데 가만 생각해보면, 어쩌면 그냥 내가 한 번 더 움직이면 되는 일인지도 모른다. 아니면 그냥 그 상태로 내버려두어도 괜찮은 일인지도. 치약을 중간부터 짠다고 해서 큰일이 나는 건 아니지 않은가. 그렇게 싫다면 각자 전용 치약을 하나씩 사두는 방법도 있다. 양말을 뒤집어놓으면 세탁이 제대로 안된다고? 그 양말을 신는 건 내가 아니라 그 사람이다. 냄새가 나든 말든, 앞으로는 어떻게 해야겠다고 스스로 깨닫는 건 결국 그 사람의 몫이지, 내가 굳이 매번 짚어가며 가르칠 일은 아니니까.

문득 그런 생각이 든다. 잔소리를 하고 있는 나 자신을 떠올리면, 이게 정말 필요한 일인지 묻게 된다. 남자를 위해 참으라는 이야기가 아니다. 누구를 위한 것도 아니다. 결국은 나를 위해서다. 내 감정적 에너지를 괜히 소모하지 않기 위해서. 때로는 힘을 빼는 게 맞을 때도 있다. 사소한 것에 집착하느라 스스로를 지치게 만들지 말 것. 그러니까 쓸데없는 것에 괜히 내 마음을 쓰지 않았으면 한다. 내 입에서 나온 잔소리가, 사실은 상대방뿐만 아니라 내 에너지도 갉아먹고 있다는 것을 이제야 조금 알 것 같다.

애초부터 쓸데없는 것과 필요한 것을 구분하는 일, 그게 인생에서 가장 효율적인 힘의 사용법이라 믿는다. 종종 세상은 그런 나를 게으르다고 말하겠지만, 나는 안다. 그것이야말로 나를 지치게 하지 않고, 더 오래 나답게 살아남게 하는 방식이라는 것을.

익숙한 불편함을 버리고
낯선 아름다움으로

내가 어렸을 적의 일이다. 날씨가 추운 날, 엄마는 아빠에게 목도리를 두르고 가라고 출근 전 몇 번이나 말해도 아빠는 안 춥다며 괜찮다고 말하곤 출근해버리셨다. 엄마의 잔소리 횟수가 늘어날수록 반대로 아빠의 대답은 점점 불친절해졌다. 나는 그런 장면을 몇 번이나 목격했는데, 아빠는 끝내 목도리를 하지 않았다. 이해할 수가 없었다.

'자신이 추울까 봐 사랑하는 사람이 목도리를 하라고 건네주는데 왜 안 하는 거지?'

그리고 얼마 뒤 외출하려는 나에게 엄마는 목도리를 하고 나가라며 목도리를 건네주셨고, 나는 하기 싫은 마음이 있던 것도 아닌데 엄마가 '추운데 목도리도 안 하고 갈 생각이었냐'는 듯이 말씀하시니까 괜히 하기가 싫어졌다. 그래서 하기 싫다고, 안 해도 괜찮다고 말했는데 그 옆에 아빠가 그걸 보시곤 이렇게 말씀하셨다.

"놔둬, 추우면 알아서 하겠지. 원래 자기가 느끼고 스스로 해야 해."

그때 깨달았다.

'아, 이거구나. 사람은 저렇구나.'

정작 당사자가 되어보니 아빠의 상황이 이해가 가기 시작했다. 그리고 어느새 결혼해 남편과 살아가고 있는 나는 한 번 이걸 실험해보았다. 똑같이.

"오늘 날씨 추워진대. 두꺼운 점퍼 입고 가요."

남편은 "괜찮아. 난 시원한 게 좋아"라고 말하며 거절했다. 시원한 건 무슨. 오늘 0도 가까이 떨어진다는데. 난 이미 그를 위해 권유했다. 거절한 건 본인이다. 남편이 퇴근하면 우리는 특정 트램역에서 만나 헬스장까지 같이 걸어가 운동을 한다. 그날도 나는 남편과 만나기로 한 장소로 나갔다. 두꺼운 점퍼를 갖고. 오들오들 떨면서 걸어오는 그는, 내 손에 들려 있는 자신의 옷을 보고 활짝 웃으며 센스 있다고, 고맙다고 말하며 얼른 그 옷을 입기 시작했다.

그렇다. 난 한순간에 센스 있는 아내가 된 것이다. 만약 아침부터 입고 가라고 몇 번이나 잔소리했다면, 그런 후에 옷을 가져갔더라면 남편은 입지 않았을 수도 있다. 왜? 자존심이 상하니까. 한두 번도 아니고 여러 번 거절했는데, 이제 와서 춥다고 훌쩍 입을 수는 없지 않은가?

아이러니하게도, 그냥 가볍게 넘기고 놔두었을 뿐인데 상대는 오히려 그게 존중이라고 받아들이는 경우가 많다. '아, 날 믿어주는구나' 하고 말이다. 억지로 바꾸려고 하지 않고, 그냥 있는 그대로 두는 그 태도에서 오히려 편안함을 느끼는 사람들. 그래서 나는 이제, 어떤 일이든 내 눈앞에 놓였을 때 한 번쯤 묻는다. 이게 내가 어떻게 할 수 있는 일인지, 아니면 그냥 흘러가게 둘 수밖에 없는 일인지. 통제가 안

되는 일이라면 애써 붙잡지 않는다. 놓아버린다. 그래도 괜찮다. 오히려 그게 더 나을지도 모른다. 무엇보다 나를 지키기 위해서.

혹자는 되물을 수 있다. 말은 쉽지만 그게 어디 내 맘대로 되는가? 옳다. 1단계가 아무리 명확해도 잘 안 될 때가 있다. 놔두라는 말은 듣기에는 참 쉬운데, 정작 몸은 그렇게 쉽게 놓아지질 않는다. 이 대목에서 필요한 수행은 '내려놓음'이 아니라 '보지 않는 것'이었다. 애초부터 내가 신경 쓰일 장면을 보지 않는 것이다. 신경 쓰이는 곳에서 나오면 된다. 남편이 외투를 챙길까 말까 고민할 때, 예전 같으면 꼭 끝까지 바라봤다. 그가 결국 챙길지 안 챙길지 확인하고 싶어서, 또 괜히 혼잣말처럼 "안 가져가면 감기 걸릴 텐데" 같은 말을 던지곤 했다.

하지만 이제는 그다음을 보지 않기로 했다. 굳이 결과를 확인하지 않고 시선을 거두는 일. 괜히 마음의 에너지를 빼앗기지 않기 위해서다. 일상에서도 마찬가지로 적용할 수 있다. 누가 나를 어떻게 평가할까 고민하면서도, 사실은 그 평가를 애써 찾아다니는 건 다름 아닌 우리 자신이 아니었나.

SNS에 사진을 올리고선 혹시나 안 좋게 말한 사람은 없는지 상상하며 스스로를 괴롭힌 적은 없는지.

그런데 허무할 정도로 최고의 답변은 아예 보지 않는 것이었다. 눈에 보이지 않으면 신경도 덜 쓰이기 마련이니까. 그걸 굳이 내 눈으로 확인하지 않는 것, 그것이야말로 진짜 나를 지키는 일이라는 것이다. 내 신경 에너지를 갉아먹게 만들 환경이라고 생각된다면 얼른 빠져나오라는 것과도 같은 말이다. 머리로 노력할 것도 없으며, 마음을 애써 컨트롤할 필요도 없다. 그저 몸을 움직이면 되는 것이다.

공중화장실의 어느 칸에 들어갔는데 발을 들여놓자마자 코를 찌르는 지독한 냄새가 난다. 그냥 참아볼까 망설이다가 결국은 다시 문을 열고 나온다. 물론 다시 줄을 서야 하는 번거로움이 있다. 하지만 내가 진짜 용납할 수 없었던 건 그 냄새나는 곳에 나를 억지로 붙잡아두는 내 모습이었다. 참으면 괜찮아질 것 같지만 한 번이 어렵지 두세 번은 금방 익숙해진다. 비슷한 상황을 맞닥뜨린다면 스스로에게 이렇게 말하게 될 테니까.

'뭐, 지난번에도 그냥 대충 넘겼잖아.'

사람도 마찬가지다. 누군가를 만나고 돌아오는 길, 이상하게 기분이 꺼림칙할 때가 있다. 딱히 이유는 모르겠는데 왠지 나를 더 작게 만드는 사람, 괜히 하루 종일 마음이 뒤숭숭해지는 사람. 그게 아무리 오래 알고 지낸 친구라 해도 스스로에게 물어보면 답은 이미 알고 있을지도 모른다.

물론 어색함이 두렵고 미안함이 앞설 수도 있다. 하지만 기억해보자. 당신의 마음까지 그 사람이 책임져주지는 않는다. 너무 과한 비유일지 모르지만, 불편한 관계를 계속 이어가는 건 냄새나는 화장실에 일부러 다시 들어가는 것과 뭐가 다를까. 남자친구와 끝이 보이는 싸움을 반복하고 있진 않은지, 가족이라는 이유만으로 매일 부딪히며 숨막히는 집 안에서 애써 참아내고 있진 않은지, 나를 건강에서 멀어지게 만드는 음식을 관성처럼 입에 넣고 있지는 않는지, 끝없는 비교의 늪인 인스타그램 속에서 스스로를 깎아내리고 있진 않은지.

답은 늘 간단하다. 나오면 된다. 버리면 된다. 멀어지면 된다. 불편함을 느꼈다면 그걸 인정하는 게 먼저다. 그리고 그다음은 아주 단순하다. 거기서 나오는 것. 누가 당신을 거기에 붙잡아두고 있는 게 아니다. 보기 싫은 건 보지 않으면 되는 것이다. 거창하게 운동화 끈 조여매고 한강변으로 나가 시속 5킬로미터로 달리자는 이야기가 아니다.

나오자. 버리자. 당신은 아름다운 것만 있는 곳에서 편히 쉬기만 하면 된다. 세상엔 생각보다 많은 곳이 있고, 당신은 그중에서 좀 더 편안한 곳을 고를 수 있다.

Fuis-moi, je te suis.
Suis-moi, je te fuis

누구나 한 번쯤은 무언가를 간절하게 바랐던 순간이 있었을 것이다. 애타게 원했지만 뜻대로 되지 않았던 기억, 노력과 열정이 무색하게도 결과는 엇갈렸던 순간. 특히 그것이 계획만으로는 통제할 수 없는 종류의 일이었을 때, 예컨대 운의 비중이 큰 성취라든지 사람의 마음처럼 투입된 노력의 양과 비례하지 않는 일이라면 더욱 절박하게 매달리게 된다. 그렇지만 실망할 필요는 없다. 아니, 오히려 기회로 활용할 수 있는 방법이 있다.

재미있게도 이 아이러니는 방향을 바꾸어도 여전히 성립되기 때문이다. '될 일은 어떻게든 되고, 만나야 할 사람은 어떻게든 만난다'는 말처럼, 집착을 내려놓고 마음을 편히 두었을 때 오히려 그것이 더 가까워지는 경험들을 해봤을 것이다. 그렇게 안간힘을 쓴 일은 오히려 멀어지고, 어쩐지 기대하지 않았던 일들은 예상치 못하게 스르륵 이루어지곤 하는 걸 보면 '원하는 것일수록 원하지 말아야 하는 것인가?'라는 생각이 들기도 한다. 왜 연연할수록 멀어지고, 초연해질수록 가까워지는 것일까?

그 이유를 두 갈래로 나누어 생각해봤다. 하나는 바라는 마음이 크지 않았기에 집착 없이 저절로 다가온 일들은 오히려 그만큼 가볍게 여겨져 기억 속에 오래 남지 않았던 것일 수 있다. 그리고 다른 하나는 너무 간절했기에, 그 간절함이 나를 무겁게 만들었기에 거기에 내가 다가갈수록 마치 같은 자석 극을 쫓듯 멀어지는 것이었다. 그 초조함이 적절한 타이밍을 볼 수 있는 눈을 가려버려서 실패했을 수도 있다. '이 길이 아니면 결코 안 돼. 두 번 다시 이런 기회는 없어'라며 단거리 달리기 주자처럼 시야가 좁아져 절박함이 더욱 커졌을 수도 있다.

'지금 아니면 안 돼', '나만 뒤처질 수가 있어'라는 조급함. 한 단어로는 FOMO *(Fear of Missing Out)*, 즉 '놓치는 것에 대한 두려움'이라고 말한다. 안정적인 투자 성향을 가진 당신은 가까운 지인이 특정 투자로 인해 단기간에 큰 수익을 냈다는 소식을 들었을 때 불안감에 휩싸일 수 있다. 혹은 사회에서 말하는 '결혼 적령기'라는 나이에 이르렀을 때, 결혼에 대해 크게 생각이 없다가도 비슷한 결혼 가치관을 가졌던 친구들이 하나둘씩 청첩장을 건네면 '나도 그냥 지금이라도 결혼을 해야 하나?'라는 생각이 들 수도 있다. 결핍이 만들어낸 집착이다. 그리고 내가 갖지 못한 것에 대해 장밋빛 청사진만 그리려는 환상이다.

비단 일에 있어서만 해당되는 이야기는 아닌 듯싶다. 질문 하나 던져보겠다. 헤어진 연인, 혹은 연락이 끊긴 누군가를 나에게 다시 돌아오게 만드는 가장 효율적인 방법은 무엇일까? 먼저 연락을 취하지 않고, 내 할 일을 하면서 자연스럽게 발전하며 살아가는 방식이라고 하지 않던가. 쫓지 않고 놔두는 것. 만약 여기서 상대방에게 연락이 왔다? 오히려 이제 관심을 보이지 않고 초연한 태도로 대하는 것이다. 그러면 그는 당신을 더 쫓게 될 수밖에 없다.

프랑스 친구들과 연애 이야기를 할 때, 혹은 프랑스 사람들의 관계 이야기를 다룬 책을 읽을 때면 빠지지 않고 등장하는 문장이 있다.

>Fuis-moi, je te suis.
>Suis-moi, je te fuis.

처음 들었을 때는 무슨 말인가 싶었지만, 곱씹을수록 너무 정확해서 소름이 돋았다.

>당신이 나를 피하면 내가 당신을 쫓고,
>당신이 나를 쫓으면 내가 당신을 피한다.

남녀 관계를 넘어, 어쩌면 인간의 욕망을 가장 간결하게 설명하는 문장이 아닐까. 사람은 본능적으로 자기를 향해 전속력으로 달려오는 대상에게는 거리를 두고 싶어지고, 자신에게서 멀어지는 대상에게는 왜인지 모르게 마음을 빼앗긴다. 간절히 원하는 그 마음이 고스란히 드러날수록 상대는 점점 그 무게에 눌리게 되고, 반대로 애써 담담한 척하는 누군가에게는 왠지 모르게 더 알고 싶고 더 가까워지고 싶은 감정이 생긴다.

자, 그래서 말하고 싶은 것은? '당신은 명품이 되어야 합니다. 스스로를 할인하지 마세요. 비싼 척 하세요. 그러면 당신은 정말 그런 사람이 됩니다. 피그말리온 효과!'가 아니다. 이런 말의 의도 자체가 틀렸다는 뜻이 아니다. 다만, 이 맥락에서의 초점은 다르다는 것뿐이다. 아쉬움을 버리자는 것이다. 그러면 당신은 의도하지 않아도, 연출을 연습하지 않아도 저절로 함부로 접근하기 어려운 사람이 되어버린다.

제네바에 도착한 지 얼마 되지 않았을 때, 프랑스어를 배우고 싶어 현지 친구를 찾아 교류하던 때의 일이다. 당시 딱히 일정이 없어 한가했던 나는 마음 같아서는 매일 만나서 빨리 프랑스어 실력을 쌓고 싶었다. 하지만 그녀는 평일에는 회사를 다녀야 했고, 퇴근 후에는 춤을 추거나 요리를 배우러 가는 등 자신만의 취미 시간이 필요했다. 주말에는 내가 아닌 다른 친구들과의 선약으로 시간을 뺄 수 없다고 말했다. 그럴수록 나는 그녀의 스케줄에 맞출 수밖에 없었다. 다른 선택지가 없으니까. 당시에는 친구란 그녀 한 명일 뿐이었으니까.

하지만 시간이 흐르며 다양한 방법으로 현지 친구들을

만들려고 노력했고, 그 수가 세 명, 네 명으로 점차 늘어갈수록 그녀의 스케줄이 더 이상 궁금하지 않게 되었다. 오히려 그 친구가 먼저 연락해 언제 만날지를 내게 묻곤 했다.

그러니까 쉽게 생각하자. 당신이 놓아버리면 된다. 여러 가지의 다른 기회와 대안을 당신의 행동 안에서 찾을 수 있다. 원하는 마음이 아무리 절실하다고 해서, 그것이 당신이 무리하게 애쓰고 쉽게 지쳐도 되는 이유가 될 순 없다. 그냥 흘러가게 내버려두자. 가볍고 느슨하게. 간절히 원할수록 어긋나는 것처럼, 사람과의 관계도 가까울수록 멀어진다. 당장 내일, 올해 인생이 끝날 것도 아닌데 '기회가 두 번 다시 없을 것이다'라는 생각은 너무 극단적이지 않은가? 절박함은 언제나 위태로운 선택을 불러일으킨다. 또 다른 기회, 또 다른 대안은 언제든 다시 만들어낼 수 있다.

남들이 이미 가졌다는 이유만으로 간절해지는 마음. 그 감정은 어쩌면 나의 진짜 욕망이 아니라, 남들이 일방적으로 정한 타이밍에 휘둘리는 불안일지도 모른다. 그래서 더더욱, 간절할수록 내려놓아야 한다. 내 삶의 속도와 타이밍은 결국 내가 스스로 선택해야 하기 때문이다.

그래서 나는 정말 원하는 것이 있다면 오히려 힘을 뺀다. '어떻게든 되겠지'라는 마인드로, '일단 그냥 해봐. 안되면 어쩔 거야? 그래봤자 여기보다 더 바닥이 있겠어?' 하는 태도로 가볍게 살아가면 그때부터 일이 잘 풀리기 시작한다. '생즉사 사즉생'과도 비슷한 맥락이다. '살고자 하면 죽고, 죽고자 하면 산다.'

집착을 내려놓았을 때 비로소 나를 살리는 길이 열리는 것이다. 그렇다고 해서 이루고 싶은 것들을 무조건 애써 멀리할 필요는 없다. 우리는 평범한 인간이기에 무소유의 삶을 완벽하게 실천할 수는 없다. 다만 무언가를 바라는 데 필요 이상의 에너지를 쓰지 말고 그 에너지를 아껴 더 소중한 데 활용해보자는 이야기다. 가볍게, 가볍게. 원하는 것도 가볍게. 포기하는 것도 가볍게. 바라는 것을 중심에 두되, 적절한 크기로만. 그리고 다른 것에도 에너지를 나누어주면서. 그렇게 여유롭게, 유연하게.

나를 덜어낼 때

그는 더해진다

한국으로 돌아오기 약 한 달 전, DELF B1*Diplôme d'Études en Langue Française*(프랑스 정부 공인 프랑스어 능력 자격증) 시험에 응시했다. 이곳을 떠나기 전에 내 프랑스어 실력이 얼마나 늘었는지 객관적인 지표로 확인해보고 싶었기 때문이다. 결과는 합격, 그것도 여유 있는 고득점이었다. 합격증에는 이렇게 적혀 있었다.

유럽 공통 언어 기준(CEFR) DELF B1 수준은 일상 회화 자립 가능한 정도.

특별히 자랑할 만한 실력은 아니었지만, 내 성적을 본 주변 사람들은 비교적 빠르게 결과를 낸 것에 놀라워하며 물었다.

"얼마나 공부했어요?"

"학원을 다녔나요?"

"원래 외국어에 소질이 있는 편이에요?"

그 어떤 질문에도 뚜렷한 답을 내놓기가 어려웠다. 오래 공부한 것도 아니었고(제네바에 도착하고 나서도 꽤 시간이 지난 뒤에야 시작했다. 우선순위는 영어였으니까), 학원도 단 한 달 다닌 것이 전부였다. 별다른 공부법이라 부를 것도 없었다. 스피킹은 현지 친구들과의 대화로, 리스닝은 카페에 앉아 주변 사람들의 대화를 엿들으며 익혔다. 막상 돌이켜보면 '공부했다'기보다 그냥 살아가며 흡수한 데 가깝다. 게다가 스스로도 외국어에 특별한 재능이 있는 사람이라고 생각해본 적은 없다.

그럼에도 불구하고 10년 넘게 배운 영어보다, 1년 남짓 배운 불어가 훨씬 빠르게 늘었다. 여기까지 읽은 당신, 속마음은 어쩌면 이럴지도 모른다.

'그래서, 어떻게 그렇게 빨리 늘었다는 거죠? 이제 그 공부법을 말해줄 차례 아닌가요?'

하지만 아쉽게도 이 이야기는 공부법과는 거리가 멀다. 그보다 훨씬 근본적인 이야기다. 외국어뿐 아니라 삶 전반에도 적용되는, 조금 다른 종류의 비밀 말이다. 원하는 것을 얻는 가장 간단한 방법에 대해서. 그것은? 나를 버리는 것. 자의식을 줄이는 것.

재수생 시절, 언어를 담당하시는 선생님이 항상 강조한 요령이 있다.

"언어영역에서 애매한 3등급 맞는 학생들의 특징이 뭔지 알아요? 글을 이해하는 능력은 있는데 남의 말을 듣지를 않는다는 거예요. 본인의 생각이 너무 강해서 무의식적으로 화자의 말을 무시해버리는 거죠. 그러고선 남의 의도를 제멋대로 상상하고 판단해버려. … 생각하지 말라니까요? 우리는 생각할 필요가 없어요. 화자의 말에만 집중해요. 지금 저자가 어떤 감정일지 그것만 생각하면 수능 언어는 물론, 커뮤니케이션 자체가 쉬워져요."

비문학에서 점수가 깎여 나갔던 내가 문학은 거의 만점을 받았던 이유를 생각해보니 시 또는 소설 속 화자에 완전히 몰입이 되어 있었기 때문이지 싶다. 고등학교 6월 모의고사 때였나? 정지용 시인의 「유리창」이라는 시를 읽으며 문제를 풀다가 눈물을 슬쩍 닦은 적도 있다.

이것이 바로 내가 언어 점수를 올리는 것을 넘어서 사람의 마음을 얻는 방법을 깨닫게 된 계기였다. 상대방이 자신의 이야기를 하고 있을 때 온전히 상대방의 이야기에 몰입하는 것이다. 혹자는 당연한 말이 아니냐고 반문할 수 있다. 하지만 과연 누군가의 말을 들을 때 자신의 생각을 넘어서 자신의 존재까지 지워버릴 수 있는지, 집중을 넘어서 몰입까지 도달하는 것이 쉬운 일인지 되묻고 싶다. 의외로 우리가 누군가의 이야기에 끝까지 머물지 못하는 이유는 우리가 어떤 상황에서든 '나'를 신경 쓰기 때문이다.

'지금 내 표정이 매력적으로 보여지고 있을까?'
'저 말 다음에 어떤 반응을 보여야 하지?'
'무슨 대답을 해야 상대가 나를 더 괜찮은 사람으로 기억할까?'

이런 생각들이 조용히 스치는 순간, 당신은 이미 상대의 말이 아니라 나 자신에게 몰두하고 있는 것이다. 나를 버리면 남을 얻는다. 남편과의 첫만남에서부터 잘될 것이라고 확신했던 것은 그의 이야기에 푹 빠졌기 때문이고, 나도 모르게 그가 말하는 이야기의 핵심을 정확히 짚어냈기 때문이라고 생각한다. 그리고 어떤 질문을 할까 고민하지 않고 자연스러운 흐름 안에서 그 즉시 떠오르는 것을 자유롭게 물었기에 흥미로운 질문이 나올 수밖에 없었고, 그 안에 놓인 태도가 진심이라는 것이 상대방에게 전달되었다. 이 사람이 나에게 보이는 태도가 진짜인지 가짜인지는 솔직히 눈빛만 봐도 알 수 있지 않나?

남편은 훗날 나에게 말했다. 첫 만남이 꼭 무슨 인터뷰하는 것 같았는데 그 느낌이 좋았다고. 그 어떤 여자 아니, 그 어떤 사람도 자기가 하는 일에 대해 이렇게까지 관심을 보이며 질문을 한 적은 없었다고. 그게 가능했던 이유는 별거 없다.

'이 문학 지문은 또 어떤 지문일까? 어떤 삶을 이야기하려고 하는 걸까? 궁금하다.'

그 순간 남편 앞에서 나는 이런 태도의 수험생이 되었기 때문이다. '안상아'인 나는 없었다. 그 순간만큼은 자신의 존재 의미를 지운 한 청자만 있었을 뿐이다.

나도 모르게 내가 특별하다는 자각을 발휘했던 순간들이 있다. 교실에 들어가야 하는데 앞문밖에 없어서 머뭇거린 상황. 이미 앉아 있는 학생들이 모두 나를 쳐다볼 것 같아 부담스러운 상황.

'오늘 예쁘게 꾸미지도 못했는데 추레한 내 모습을 보고 수군대면 어떻게 하지?'

하지만 3초간의 물리적인 시선만 존재할 뿐 그 누구의 마음에도 남지 않는다. 강의 시간 중에 혹은 직장 내 회의 시간 중에 의견을 내고 싶은데 많은 사람이 나를 주목할 것 같아 멈칫했던 적이 있을 것이다. 하지만 당신이 에이스가 아니라면 그 누구도 당신의 발언에 큰 의미를 두지 않을 것이다. 시간이 지나면 무슨 말을 했는지 기억도 못할 것이다.

소개팅 자리에 앉아 마음에 드는 남자를 마주한 순간, 머릿속이 복잡해지기 시작한다. '지금 내가 괜찮게 보이고 있을까?', '이 사람이 나를 마음에 들어 할까?' 머릿속으로 끊임없이 계산이 돌아가는 동안 표정은 점점 부자연스러워지고 말투는 경직된다. 잘 보이려는 마음이 커질수록 오히려 자연스러움은 멀어진다. 아이러니하게도, 그 순간 이미 그 소개팅은 성공에서 멀어지고 있는 것이다. 한마디로 말해, 인생을 살아가는 데 과도한 자의식은 아무런 도움이 되지 않는다. 타인의 감정을 통제하려는 마음은 결국 자신을 소모시킬 뿐이니까.

그럼에도 불구하고 내가 그동안 이 과잉된 생각을 버리지 못하고 '남에게 내가 어떻게 보일지'를 끊임없이 신경 썼던 이유는 무엇일까? 다시 맨 처음으로 돌아가보면 답을 얻을 수 있다. 내 생각이 지나치게 강해서다.

'본인만의 확고한 의견이 있으면 좋은 거 아닌가요? 당당한 태도를 지니려면 그를 뒷받침하는 근거가 있어야 하잖아요.'

옳다. 줏대가 없는 사람보다 있는 사람이 언제나 더 빛난다. 남편과의 대화에서도 무조건 긍정하는 반응만 보였다면 진심을 느끼지 못했을 것이다. 그의 말에서 이해가 되지 않는 것에 대해서는 다시 설명을 요청했고, 다른 견해를 가진 것에 대해서는 반문하기도 했으니까.

문제는 그 생각이 상상으로 이어질 때다. 지문에 적힌 글자 그대로 이해하면 되는데, 굳이 한 번 더 꼬아서 자신만의 소설을 써버리는 학생이 되어버린다는 것이다. 말 그대로 '상상'이요. 자칫하면 '과대망상'이나 '피해망상'으로 번지기 십상이다. 자기만의 세상에 빠져 있다는 것과 다르지 않다. '나'가 너무 중요한 사람이고, 그 세상 안에서 '나'의 생각이 절대적으로 옳고 강한 것이다. 남은 당신에게 설득되어야만 하고, 당신은 끊임없이 인정받아야만 한다. 본인이 남에게 그다지 중요한 사람이 아니라는 걸 모른다. 혹은, 애써 모른 척한다.

충만한 자신감과 과잉된 자의식의 차이는 한끗이다. 자신에 대한 사랑은 본인 인생 안에서만 이루어져야 한다. '스스로를 구할 사람은 나뿐이다'라고 굳게 믿고, 그걸 묵묵히 행동으로 증명해내는 것. 이것이야말로 자존감을 높이는 가장 단순한 방법이자 남에게 자신감을 조용히 드러내는 방법이기도 하다. 나를 믿고 사랑하는 마음이 조용히 내 안에 머물 때는 자신감이지만 그 욕구가 세상 바깥으로 자꾸만 흘러넘치면 자의식이 문제를 일으킨다. 혼자 커다란 무대 위에 올라서서 눈을 감은 채 그 누구에게도 요청받지 않은 노래를 부르고 있는 것이다. 눈을 떠보면 사실은 아무도 나를 바라보고 있지 않았는데도 말이다. 그렇게 관객석이 텅 비어 있다는 사실을 받아들일 수 없어서 자꾸만 스스로 '한 곡 더, 한마디 더'를 외치며 지쳐간다.

쓸데없는 말과 행동을 줄이기 위해서는 생각을 줄여야 한다. 그러나 "생각을 멈추세요"라는 말은 오히려 그 말을 붙잡는 순간부터 머릿속을 더 복잡하게 만든다. 생각하지 말자고 다짐하는 그 순간부터 이미 생각의 소용돌이 속에 빠져버리고, 지금 이 자리엔 없는 사람, 끝난 말, 아직 오지 않은 미래를 혼자서 붙잡은 채 온갖 상상으로 덧칠하며 현실을 잃어버린다. 어쩌면 진짜 필요한 건 생각을 멈추는 일이 아니라 생각을 붙잡지 않는 일일지 모른다. 흘러가는 대로. 보이는 대로.

눈에 보이는 것만 손으로 잡을 것. 그 외의 것들은 알 수 없는 것들이기에 애초부터 에너지를 쏟지 않을 것. 그리스의 대문호 니코스 카잔차키스가 쓴 소설 『그리스인 조르바』속 한 문장을 되새겨본다.

새 길로 가려면 새 계획을 세워야지요.
나는 어제 일어난 일은 생각하지 않습니다.
내일 일어날 일도 생각하지 않아요.
내가 관심을 갖는 것은 오직 지금 일어나는 일뿐입니다.

욕망의 저울 위에서
중심을 세우다

내 20대의 삶을 지배하고 이끌었던 단어를 꼽으라면 단연 '욕망'이라 말할 수 있다. 여러 가지 제약에 갇혀 있던 10대를 막 지나 세상에 덜컥 놓여지니 내가 하고 싶은 것, 할 수 있는 것은 무궁무진해 보였다. 때마침 대학에 입학하고 캠퍼스 생활을 즐겼던 2010년 초부터 중반까지 20대 사이의 화두는 '열정', '도전'이었으며 『아프니까 청춘이다』라는 자기계발서가 한창 베스트셀러 1위를 차지하던 때였다. 더 높은 곳을 더 빠르게 도달하고 싶은 욕망은 사회가 말하는 정답이며, 그것을 추구하는 나는 세상이 원하는 인재상이 틀림없다고 믿었다.

이것이 전부가 아니었다. SNS의 발달이 본격적으로 시작되어 필요한 정보를 손쉽게 구할 수 있는 것은 물론, 타인의 삶을 쉽게 관찰할 수 있게 되었다.

더 빠르게, 더 높게, 더 강하게.

Citius, Altius, Fortius.

올림픽에서나 부르짖던 이 슬로건이 당시 내 인생의 모토였으며, 내 20대 서사를 압축하는 한 문장이었다. 스마트폰 속에 존재하는 이름도, 나이도 모르는 사람들의 화려해 보이는 일상을 보며 비교에서 오는 초라함을 느끼기보다 '나도 저렇게 될 수 있지 않을까?'라는 희망을 쏘아올릴 정도로 당시 나는 성공과 성장에 목말라 있었다. 무엇을 원하는지, 그것을 어떻게 이루고 싶은지를 말하는 것은 어렵지 않은 일이었다.

그러나 30대에 접어드니 문득 궁금해졌다. 그 욕망이 과연 '진짜 나의 것'인지 아닌지 의문이 들었다. 그 둘을 구분해야 했다.

인간의 욕망은 타자의 욕망이다.

Le désir de l'homme, c'est le désir de l'Autre.

프랑스 정신분석학자 자크 라캉의 문장이 머릿속을 내내 맴돌았다. 내가 바라는 그것이 정말 나의 욕망인지, 아니면 타인이 욕망하는 것을 따라 나도 욕망하고 있었던 것인지. 기쁨과 만족을 채우려는 몸부림이 알고 보니 밑 빠진 독에 물을 붓듯 무한한 공허함을 만들고 있는 것은 아닌지.

물론 인간은 사회적 동물이기에, 타인과 어울려 사는 삶 속에서 필연적으로 따라오는 비교와 경쟁의 심리를 완전히 배제한 채 살아가긴 어렵다. 무턱대고 "남들이 나를 어떻게 바라보는지는 전혀 의미 없습니다. 진정한 행복은 우리의 내면에만 존재할 뿐입니다"라고 말하고 싶진 않다. 그런 경지에 이를 수 있는 사람은 생존에서 외부의 평가가 무의미할 정도의 부와 명예를 지닌 위인이거나, 문명의 편리함을 모두 뿌리치고 속세와 단절된 자연인일 테니까.

욕망을 구분하기 위해 조금 더 쉽고 익숙한 개념을 하나 빌려오기로 했다. 언제나 인기 키워드로 꼽히는 '자존감'. 자존감을 높이는 방법은 크게 두 가지 방향으로 나뉜다고 한다. 매일 아침 30분씩 책을 읽거나, 일주일에 세 번 운동하기처럼 스스로 정한 성취 기준에 도달했을 때 느껴지는 뿌듯함을 꾸준히 축적해나가는 내적 방법. 그리고 타인이나 집단으로부터 인정을 받음으로써 스스로의 가치를 확인하는 외적 방법. 과연 이 외적 방법을 통해 자존감의 향상을 경험해보지 않은 사람이 있을까?

사회적으로 합의된 자격을 증명하기 위해 우리가 애써 얻고자 했던 것들을 떠올려보자. 누구나 들어본 이름의 직장이 새겨진 명함, 지나가는 사람들의 은근한 시선을 붙잡는 명품 시계와 고급 외제차, 연일 부동산 뉴스에 신고가로 오르내리는 이름난 동네에 실거주한다는 사실…. 이런 것들을 당신이 지니게 되었을 때, 물론 기분이 좋을 것이다. 그것을 당신의 것으로 만들기 위해 남들은 결코 모를 땀과 눈물이 존재했을 테니까.

그러나 그것을 원한다고 해도, 또 애쓴다고 해도 누구나 가질 수는 없다. 어떠한 누군가가 남 부러워하는 인생을 살고 싶지 않겠나? '자존감'이라는 단어를 갈망하며 그를 높이기 위한 방법론에 대한 끊임없는 콘텐츠가 소비되는 이유일 것이다.

내가 진정으로 원하는 욕망이 무엇인지 구분해야 했다. 이것은 결국 스스로가 통제 가능한 일인지, 그렇지 않은 일인지에 대한 구분이다. 결과에 따른 감정이 '그건 내가 도저히 할 수 없는 일이었어'라는 좌절감과 박탈감인지, 아니면 '에이, 아쉽다. 다음엔 이런 방법으로 하면 조금 더 나아지려나?'처럼 희망이 곁들어진 아쉬움과 미련인지의 차이일 뿐이다.

한창 이 문제에 대해 고민하던 시기에 남편과 이런 대화를 나눴다.

"요즘 나는 되게 행복한데 지금 느끼는 소소한 행복이랑 한국에서의 커다란 행복 중에 어떤 게 더 나에게 의미를 주는 행복인지 알아보는 중이야."

"소소한 행복은 뭔데?"

남편은 커다란 행복에 대한 그림은 이미 대략 그려졌는

지 내게 소소한 행복에 대해서만 물었다.

"기상 알람을 듣고도 10분쯤 이불 속에서 뒹굴거리며 여유 부리는 거. 그런 다음 거실에 나가 따뜻한 커피에 바삭한 크루아상을 아침으로 먹는 거. 혼자 거실에서 일하다가 하늘에 구름이 걷히면 벨에르*Bel-air* 거리(제네바의 중심 번화가)로 나가 몽블랑 다리*Pont du Mont-blanc*를 건너며 산책하는 거. 하루 일과를 마친 뒤 백화점 식품 코너에 들러 오늘은 어떤 재료로 새로운 저녁 요리에 도전해볼지 고민하며 장을 보는 거. 금요일 밤, 치즈를 곁들인 와인을 마시며 평일 내내 볼까 말까 고민하던 영화를 보는 거. 그리고 자기 전, 최고로 따뜻하게 켜둔 전기장판이 있는 침대 속으로 들어가 몸을 녹이는 거. 이때, 방 안의 공기는 차가워야 하는 거고!"

재잘재잘 신나게 떠들어댄 나와는 달리 남편은 한마디의 질문만 건넸다. 담백한 말투였지만 정말 궁금하다는 표정으로.

"근데 왜 그게 '소소한' 행복이야? 어떤 기준인데?"

순간 정지. 그렇다. 나는 왜 저런 것들을 '소소하다', '얼마 되지 않는다'고 생각했을까? 약간의 당황스러움을 얼른 숨긴 채 말을 이었다.

"아까와 같은 상황에서 느껴지는 행복의 감정을 결과로 만들어내기엔 돈이나 시간 같은 노력이 크게 들지 않으니까. 즉, 시도해보기도 전에 그 무게감에 지치기보단 내 손으로 다룰 수 있을 만큼 가벼워 보이니까?"

문장 끝을 살짝 올려 말한 건, 그 답에 대한 확신이 그만큼 강하지 않았기 때문이었을 것이다.

그와 짧은 대화를 마치고 다른 질문을 스스로에게 던졌다. 나를 포함한 우리 대부분은 왜 지금 당장 눈앞에서 실현 가능한 소소한 행복이 아닌, 달성할 확률이 제로에 가까운 커다란 행복에 더욱 많은 에너지를 쏟아가며 살아가는 것인지에 대해서. 얼마만큼 돈 더 모으기, 어느 동네의 브랜드 아파트에서 살기, 남들보다 비싼 외제차 구입하기…. 목표 달성도를 숫자와 명사로 더 쉽게 나타낼 수 있기 때문일까? 단순하고 직관적인 지표로 타인에게 별다른 부연 설명 없이 증명할 수 있기 때문에? 만약 소소한 행복 또한 국제적으로 표준화된 기준 수치로 환산할 수 있다면 이것 또한 SNS에 자랑거리로 올라갈까? 그러면 그 행복의 감정을 느끼기 위해, 정확히 말하자면 행복을 느끼고 있다는 수치를 더 높이기 위해 또 어떤 서비스와 상품이 시장에 등장할까?

우리집의 발코니와 그곳에 놓인 테이블에서 커피를 마시는 순간을 참 좋아한다. 그 공간과 분위기에 놓여져 있는 나, 행복에 젖은 내 모습을 즐긴다. 그리고 보기 좋게 꽃과 와인 등으로 장식한 사진을 인스타그램에 종종 올린다. 이것도 과시하려는 욕망일까? 글쎄. 그저 지금 누리는 이 순간이 너무 행복해서 그걸 도저히 혼자만 간직하기에는 견딜 수가 없어서, 행복을 공유하고 싶은 순수한 열망이 내 손을 이끌었다면 믿을 수 있겠는가?

소소한 행복이 남들에게 보여주고 싶을 만한 자랑거리가 되는 그 순간에 깨닫게 된 것이 한 가지 있다. 자발적인 동기와 자연스런 과정에서 도출된 행복을 적당히 과시, 자랑하는 것은 큰 문제가 되지 않는다는 것. 그것이 수고를 들인 묘사를 통해 전달이 될지라도 상관없다. 행복의 크기도 중요하지 않다. 과시를 허락해도 되는 행복과 그렇지 않은 행복을 구분하는 나만의 세 가지 기준이 있다.

첫째, 내 만족이 아니라 남의 인정을 원할 경우.
둘째, 행위의 과정에서 자연스럽게 생겨나는 기분을 묘사하는 것이 아니라 한두 개의 단어로 드러나는 성취와 결과에 대한 설명일 경우.
셋째, 자연스레 도달한 행복을 공유하는 것이 아니라 그저 보여주기만을 위해 의도적으로 꾸며낼 경우.

만약 내가 남편에게 발코니 있는 집에 살고 싶다고 말한 이유가 남들에게 자랑하기 위함이었다면, 나는 지금과 같은 만족감을 느끼기는커녕 발코니를 바라볼 때마다 '어서 내가 저기에 살아야 남들에게 자랑할 수 있을 텐데'라는 강박에 시달렸을 것이다. 그리고 어쩌면 영원히 채워지지 않을 그 공허한 기대를 마음에 품은 채 사람들의 무심한 댓글과 시큰둥한 반응을 바라보며 비교의 늪에서 허우적거렸을 것이다.

'나보다 더 근사한 발코니에서 커피를 마시는 사람이 이렇게나 많다고?'

그러고선 그동안 순수한 마음으로 애정했던 이 발코니를 누군가의 취향에 맞춰 조금씩 바꾸기 시작했을지도 모른다. 나조차 마음에 들지 않는 과장된 미소를 사진 속에 덧칠하며.

하지만 그럴수록 점점 내 공간이 내 것이 아닌 것처럼 멀어져 갔을 것이다. 바라보기만 해도 이유 없이 따뜻했던 그곳이 이제는 어쩐지 나를 초조하게 만드는 전시장이 되어버리고, 어느새 인생까지 전시장으로 잠식시켜버린 것도 모른 채. 참으로 슬픈 인생이라는 사실조차 깨닫지 못한 채로.

중요한 건 균형일 것이다. 내적인 욕망을 무시하지도 말고 외적인 욕망에 휘둘리지도 말 것. 그 욕망이 내 삶을 이끌 수 있도록 다듬고 조율하되, 이와 동시에 그 안에서 만족할 줄 아는 태도를 갖기. 포기와 타협이라는 말을 밉게만 보지 말 것. 감당할 수 없는 노력이라는 미명 아래 스스로를 갉아먹는 행위를 하지 말 것. 자신의 한계선을 곡예하듯 찾아갈 것. 그리고 고개를 들어 하늘을 바라보되, 두 발은 땅에 단단히 붙이고 있을 것.

예민한 감각이 지켜주는
나의 경계

며칠 전, 마트에서 장을 보던 중이었다. 제네바는 아직도 한낮 최고 기온이 20도를 넘지 않을 만큼 선선했지만, 여름을 기억하는 듯 싱싱한 수박이 매대 위에 올려져 있었다. 순간적으로 손이 갔다. 혹시라도 예보와 다르게 해가 머무는 시간이 찾아오면, 그 짧은 더위 속에서 남편과 테라스에 앉아 수박을 나눠먹고 싶었기 때문이다.

셀프 계산대로 향해 장바구니 속 물건들을 하나씩 꺼내 바코드를 찍었다. 그런데 수박을 자세히 보니 속이 무른 것을 골랐다는 사실을 그제야 깨달았다. 다시 제자리에 가서 더 단단한 수박을 고르기엔 뒤에 줄 선 사람들이 많았다. 어쩔 수 없이 수박은 포기하고 이미 바코드를 찍은 다른 품목

들만 계산하려고 했는데, 이번엔 계산대 시스템이 문제였다. 바코드가 찍힌 수박에 아무리 스캔을 시도해도 취소되지 않았다.

몇 번의 실패 끝에 결국 주변의 점원을 불러 상황을 설명했다. 프랑스어로 몇 마디를 주고받는 와중에 중요한 단어 하나가 떠오르지 않았다. '환불'이라는 뜻의 'Remboursement'라는 단어였다. 그 단어가 혀끝에서 맴돌기만 할 뿐, 도저히 입 밖으로 나오지 않았다. 아랫입술을 살짝 깨물고 떠올려보려 3초쯤 머뭇거렸지만, 끝내 말이 나오지 않아 결국 그 단어 하나만 영어로 말했다. 그러자 점원은 입꼬리를 살짝 올리며 말했다.

"You can just use English. You don't need to speak in French." (그냥 영어로 말해도 돼요. 굳이 프랑스어를 쓸 필요는 없어요.)

물론 알고 있었다. 제네바는 국제적인 도시이고, 대다수의 사람이 영어에 능숙하다는 것을. 나 역시 굳이 프랑스어를 고집하지 않아도 말이 통할 수 있다는 걸 알고 있었다. 하지만 이 도시와 이 문화권에 대한 애정으로, 예의를 담아 말하고 싶었다. 내가 구사할 수 있는 만큼의 언어로 포장해보고 싶었을 뿐이다. 그래서였을까. 점원의 친절한 태도에 오히려 알 수 없는 허탈감이 밀려왔다. 더 서글펐던 건, 이 일이 처음이 아니라는 사실이다.

하지만 이런 경험에 익숙해진 나는 더 이상 '이건 호의이니까 그냥 받아들여야 하나? 아니면 불쾌하게 여겨도 될까?'를 고민하지 않았다. 그저 상냥한 미소를 지으며, 그러나 단호하게 말했다.

"Non merci. Je veux le dire en français." (고맙지만 괜찮아요. 난 프랑스어로 말하고 싶어요.)

누군가는 내 이야기를 듣고 이렇게 말할지도 모른다.

"그냥 도와주려던 거 아닐까? 나라도 외국인이 한국어로 힘들게 말하면 꼭 그 언어 안 써도 된다고, 부담을 덜어주고 싶을 것 같아."

맞는 말이다. 그 점원은 친절한 사람이었을 수도 있다. 어쩌면 상처받았던 기억들이 내 마음 어딘가에 패여 있어, 작은 자극에도 민감하게 반응해서 그랬던 것일 수도 있다. 하지만 그건 중요한 게 아니었다. 정말 중요한 것은 그 순간 내가 어떤 기분을 느꼈는지였고, 그 감정을 내가 어떻게 다뤘는지였다.

처음 이와 비슷한 일을 겪었을 때는, 어리둥절한 채로 "Thank you"라는 인사를 되돌려주기도 했다. 그리고 돌아가는 길, 마음 한구석이 시원치 않았다. 원했던 건 편하게 영어를 쓰는 게 아니었기 때문이다. 그 점원이 내 머릿속 단어를 심령술사처럼 알아채주는 것도, 과외 선생님처럼 "비슷한 단어라도 괜찮으니 말해보세요"라며 북돋아주는 것도 모두 내가 바라던 것이 아니었다. 그저 내가 이어가고 싶은 방향으로, 나의 속도로, 나의 방식으로 해내고 싶었을 뿐이다. 다른 길로 돌아가지 않고, 내 길을 그대로 가고 싶었다. 그게 다였다.

제네바에 와 사람들과 교류하며 나는 상대가 어떤 말을 했는지보다, 그 순간 내가 어떻게 반응했는지가 내 기분에 훨씬 더 깊은 영향을 미친다는 것을 알게 됐다. 그저 내가 하고 싶었던 말을 하고, 나의 세계를 내 방식대로 조금씩 구축해나가고 싶었던 것이다. 누군가의 말과 표정과 의도로 인해, 원래 이어가려던 흐름을 흐트러뜨리고 싶지 않았다. 그 점원이 어떤 의도를 갖고 내게 친절을 베풀었는지를 분석하기 전에, 그저 '나는 불편했다'는 감정을 인정하는 것이 우선이었다.

그 감정은 타당했고, 나는 그 감정에 예민해질 필요가 있었다. 다른 사람의 시선이나 사회적 눈치에 맞추어 그것을 덮어둘 이유는 없었다. 어쩌면 나는, 누군가 내 선을 넘은 것에 화가 난 게 아니라, 그 순간 스스로가 내 선을 지켜내지 못한 것에 대해 미안함을 느꼈는지도 모른다.

삶은 그렇게 끊임없이 조언과 오지랖 사이 어딘가에서 경계가 흐릿해지는 순간들의 연속이다. 누군가는 나를 사랑해서, 혹은 나에게 중요해서 그 선을 넘는다. 하지만 그런 이유조차도 잠시 미뤄둬야 할 때가 있다. 무엇보다 먼저 해야 할 일은, 나만의 선을 그어보는 일이다.

어떤 것에 예민한가.

그 민감함의 역치는 얼마나 낮은가.

그래서 어떤 방식으로 방어막을 세워야 하나.

그 방어막이 무너졌을 때 어떻게 나를 다시 회복시켜야 할까. 여기서 가장 강조하고 싶은 것이 있다. 누군가 당신의 선을 무시하고 들어와 마음을 어지럽히고 나간 뒤, 정작 그 순간 아무 말도 하지 못한 적이 있다면 자책하지 말자. 그 이유는 단 하나다. 아직 익숙하지 않았을 뿐이다. '이 부분에는 내가 조금 약한가보다' 하며 인정하고, 스스로를 토닥여주자. 그리고 다음번엔 어떻게 나를 더 잘 지켜낼 수 있을지를 조용히 생각해보자. 또 그게 잘 안 된다면? 괜찮다. 다시 연습하면 된다. 우리가 영어 문장을 자유롭게 쓰기 위해 얼마나 긴 시간 동안 많은 단어를 머릿속에 입력해왔던가.

그럼에도 막상 그 상황이 닥치면 얼마나 많은 사람이 머뭇거리고 말문이 막힐 것이다. 강하고 센 것만이 능사는 아닐 것이다. 누군가는 애초부터 여린 마음을 타고나고, 누군가는 아무리 연습해도 남들보다 더디게 배운다. 어쩌겠는가. 그게 나인데. 그런 예민한 나이기에 남늘이 무심히 지니칠 수 있는 작은 순간에 섬세하게 반응하고, 작은 것들로부터 다정한 행복을 발견해낼 수 있으니 그 또한 아름다운 능력이다. 그러니, 지금 그게 잘 되지 않는 당신이라면 잠시 멈춰 스스로를 바라보자. 있는 그대로의 스스로를 인정하고, 다정하게 토닥이자. 혹시 또다시 실패하더라도 묵묵히 일으켜세워주자.

아마 다들 그렇게 살아가고 있을 것이다. 다만 보이지 않을 뿐. 그리고 그게 바로, 자기만의 방을 완성해가는 어른들의 방식일지도 모른다.

Savoir vivre

Allure

여유로운 분위기를 완성하다

Allure

움직이는 방식과 자신을 드러내는
태도에서 풍기는 고유한 분위기와 자세.

귀찮음에 반응할수록
선명해지는 삶

누군가 나의 장점을 묻는다면 어디를 가나 낯선 환경에 빠르게 스며드는 적응력이라고 말하겠다. 한국의 유교 사상과 집단주의 문화와는 정반대에 있는, 자유로운 가치관과 개인주의 문화가 기본값인 유럽에서도 쉽게 적응해나갔으니까. 그럼에도 1년 가까이 되었을 때에도 적응하지 못한 것은 바로 답답하고 느린 시스템이었다.

출출한 밤 11시, 야식으로 치킨을 먹고 싶을 때 직접 치킨을 가지러 가기 귀찮아 30분 정도의 배달시간만 기다린다면 어느새 치킨이 식탁 위에 놓여지는 것. 화장품이 다 떨어신 것을 지기 전 샤워를 할 때 알게 되어도 손가락 터치 몇 번이면 다음날 아침 필요한 물건을 문 앞에서 바로 받아볼 수 있는 것. 한국인에게는 당연한 일상이다.

그러나 이곳은? 일단 애초에 야식을 시킬 수 있는 마땅한 가게가 없다. 어쩌다 운 좋게 한 곳을 찾아도 평균 1시간을 기다려야 한다. 그럴 수밖에 없는 이유는 대다수의 라이더가 오토바이가 아닌 자전거를 이용하기 때문이다. 새벽 배송? 다음날 도착 보장? 어림도 없는 소리이다. 아무리 짧아도 최소 3일, 보통은 일주일을 기다려야 필요한 물건을 받을 수 있다. 비단 배달, 배송 문화만이 아니다.

대표적인 또 하나의 '느림' 문화. 이곳은 집 현관문을 열고 닫을 때 열쇠를 사용한다. 맞다. 우리가 가끔 사용하는 그 열쇠. 내가 살고 있는 아파트가 낡은 아파트이거나, 건물 주인이 나이 지긋한 어느 노부부인 경우만 그런 것이 아니다. 거의 모든 아파트가 열쇠를 사용한다. 남편이 출근하기 전 먼저 집을 나서 호수 근처를 조깅하고 왔는데 열쇠 가져오는 걸 깜빡해서 남편 근무지로 찾아간 적이 한두 번이 아니다.

더욱 적응이 되지 않았던 건 레스토랑에서의 주문이었다. 한 번쯤은 '유럽 여행 때 참고해야 할 주문 에티켓'이라는 것을 들어보았을 것이다. 그런데 이것이 일상이 되어버리면 꽤 골치 아파진다. 여행자로서야 어차피 한국과는 완전히 다른 경험을 체험하러 간 것이기에 그 불편함이 신선함으로 가려질 수 있다. 하지만 나는 이 불편을 하루도 빼지 않고 날마다 겪어야 했다. 식당에서의 주문을 예로 들어 설명해보겠다. 주문 절차는 크게 세 단계로 설명할 수 있다. 자리 고르기, 주문하기, 그리고 계산하기.

고급 레스토랑이 아닌 평범한 음식점을 기준으로 두 문화를 비교해보겠다. 한국에서는 자리에 앉자마자 벽면에 크게 붙어 있는 메뉴판을 읽는다. 그 사이에 종업원은 물컵과 밑반찬을 차려주며 묻는다. "뭐 드릴까요?" 만약 메뉴를 정했음에도 종업원이 오질 않는다면 망설임 없이 테이블 가장자리에 붙어 있는 벨을 누른다. 그러면 종업원은 "네"라는 대답을 길게 늘어뜨리며 다가온다. 만약 벨이 없는 가게라면? 똑같이 손을 번쩍 들며 외친다. "사장님, 여기…."

자, 이번엔 제네바. 대표적으로 내가 살고 있는 제네바를 예시로 들었지만 대부분의 유럽 식당은 비슷한 문화가 통용된다. 일단 가게에 들어갔다면 아무 테이블로 향하지 말고 종업원이 나를 맞이하고 특정한 테이블로 안내해줄때까지 기다려야 한다. 꽤 오랜 시간을 기다리면 메뉴판을 건네주며 묻는다. 음료는 무엇을 마실 것인지. 음료? 왜 그것부터 묻는 거지? 일단 나중에 마시겠다고 말한다. 그러면 그들은 약간 의아한 눈빛으로 돌아간다. 물도 가져다주지 않는다. 물은 가져다 달라고 말하면 또 다시 묻는다. "Still water? Sparkling water?(정수? 탄산수?)" '정수'라고 말한다. 그러면 이제 당신은 물값을 내야 하는 것이다. 아니, 물 한 잔 받기까지 참 오랜 시간이 걸렸다.

어쨌든 물 한 잔을 마시며 메뉴를 고른 당신. 배고픔에 빨리 주문하고 싶다. 그러나 '여기요 벨'은 없다. 테이블 위에 올려진 태블릿 메뉴 주문판도 없다. 직접 종업원을 불러야 하는데 여기서 주의해야 할 점은 하나, 큰소리로 외치면 매너가 아니라는 것. 그들이 나와 눈을 마주칠 때까지 눈싸움을 계속해야 한다. (상황에 따라 조용한 목소리로 살짝 부르거나 손짓을 건넬 수는 있다.) 이때 그들은 여유와 도도함 어느 사이에서 고개를 살짝 끄덕인다. 이곳에서 3년 가까이 지내면서 단 한 번도 바로 와준 경험이 없다. 만약 급한 마음에 다른 종업원을 부른다? "너의 담당 서버한테 이야기해"라는 무뚝

뚝한 답변을 듣게 될 것이다.

긴 여정 끝에 주문한 음식이 테이블 위에 올라왔다. 맛있게 먹은 뒤 당신은 계산을 하고 나서려 한다. 한국 같으면 계산대 앞으로 가 카드를 내밀고 "잘 먹었습니다"라는 말을 뒤로 한 채 문을 나서면 된다. 그러나 이곳은 다시 한번 눈치 싸움으로 종업원을 부르고 계산을 하겠다고 말해야 한다. 그러면 그는 알겠다고 말하고 자신이 먼저 하고 있던 일을 다 마친 뒤 카드리더기를 가져와 묻는다. "현금? 카드?" 그렇게 결제까지 마쳐야 드디어 문을 나설 수 있다. 밥 한 번 먹기 참 힘들다. 몇 번의 손짓과 눈짓, 그리고 대화가 오가야 하는 것인지.

하지만 역설적으로 귀찮음이 좋았다. 한 번 더 프랑스어를 연습할 수 있는 기회였고 이들 문화에 어울릴 수 있는 실습이기도 했으니까. 반대의 상황을 가정해보았다. 외국인이 우리나라 식당에 가서 자리를 잡고 주문을 하고 계산을 했을 때 종업원과 나누는 말은 몇 마디나 될까? 상대방의 예상치 못한 반응과 그것을 보며 자연스럽게 번져나올 뜻밖의 미소는? 어떤 문화가 더 우월한지 말하는 것이 아니다. 비단 외국인의 입장만이 아니라 한국에서의 일상과도 비교해서 생각해보았다. 당연히 편리하다. 그러나 그만큼 삭막한 것도 사실이다.

다들 바쁘니까 어쩔 수 없다는 것을 이해한다. 뻔하게 "우리 여유를 갖자고요!"라고 말하려는 것도 아니다. 우리의 '빨리빨리' 습성과 문화가 반영되어 '여기요 벨'과 키오스크가 대중화되었을 수도 있다. 혹은 자본주의 시스템에 적응해가며 더욱 재촉하는 삶을 살게 된 것일 수도 있다. 어쩌면 짧고 자극적인 숏폼 형태의 콘텐츠가 확대 생산되는 것도 그때문일지도 모르겠다.

한국에서 살 때는 30층 이상의 층수만 고집해 거주했고 세대수가 많은 오피스텔을 선호했다. 높은 곳에 살면 화려한 서울을 바라볼 수 있었고 거주민이 많다는 것은 그만큼 편의시설이 잘 갖춰진 건물이라는 걸 의미했다. 그러다 보니 내가 살았던 곳은 동시 운영되는 엘리베이터가 여섯 대나 있었다. 한 엘리베이터당 크기도 작지 않았다. 하지만 단 한 번도 누군가와 인사를 나눠본 적이 없다. 오르자마자 자신의 층을 누른 뒤 모두 스마트폰을 쳐다보기 바쁘다.

나는 예외라고 말하진 않겠다. 10인승 엘리베이터에 다섯 명이 있어도 들리는 것은 전광판 광고 속 모델의 목소리뿐이다. 사실 어찌 보면 진화의 산물이다. 얼마나 많은 사람이 이 건물에 살고 있으며 전출입은 또 얼마나 잦겠는가? 이웃이 되려고 해도 될 수가 없는 환경이다.

이와 반대로 내가 살았던 제네바의 아파트는 5층이 전부였고 한 층에는 두 가구뿐이었다. 엘리베이터도 보통의 유럽 도시가 그렇듯 매우 협소하다. 겨우 네댓 명이 타면 꽉 찰 정도? 그러다 보니 비좁은 공간에서 민망함을 피하기 위해서라도 인사를 주고받게 된다. 서로 안면이 있는 이웃 사람들이기에 가능할 수도 있다.

그 엘리베이터 속에서 주고받는 인사, 말 한마디가 내 삶에 어떤 영향을 미치냐 묻는다면 사실 별 건 없다. 누가 내 이름을 기억해주는 것도 아니고, 그 인사 하나로 특별한 관계가 시작되는 것도 아니니까. 그저 어색함을 잠깐 덜어내는 정도랄까. 그런데 이상하게도 서울의 삭막함에 길들여져 있던 내 일상에 그런 사소한 순간이 조금은 숨통을 틔워주는 기회가 되었다.

누군가와 잠깐 눈을 마주치고 인사를 나누는 그 짧은 순간이, 별일 없는 하루에 예상치 못한 여유를 선물하는 느낌. 별것 아니지만, 그런 게 때로는 마음을 조금 더 가볍게 만들어주기도 하니까. 마치 이곳의 아침 공기 속을 가르는 새소리처럼. 귀 기울이지 않으면 그냥 지나칠 수도 있지만, 듣고 나면 왠지 모르게 마음이 환기되는 그런 소리처럼 말이다.

유럽에서의 삶이 최고라는 말이 아니다. 유럽에 있어야만 가능한 일이라는 뜻도 아니다. 이건 그저 잠깐 꺼내든 하나의 배경일 뿐이고, 어쩌면 핑계였는지도 모르겠다. 멀리 가지 않아도, 특별한 환경을 갖추지 않아도 충분히 할 수 있는 일들이니까. 사실 진짜 중요한 건 환경이 아니라 나 자신이다. 남과의 여유를 만들어보려면 일단 나부터 여유로워야 한다. 그 시작은 아마도 비우는 연습일 것이다. 지금 내 손에 쥐고 있는 것들을 잠시 내려놓는 것. 스마트폰만 보는 것보다 내 주변 사람들을 관찰해보는 일. 다이어리와 펜만 챙겨 카페에 앉아 멍하니 창밖을 바라보는 일, 뭐라도 해야 한다는 생각을 잠시 멈추고 가만히 나를 들여다보는 일….

촛불 하나만 켠 상태로 아무 생각 없이 뜨거운 물에 몸을 담그는 반신욕이, 식물 하나를 키우며 계절이 바뀌는 걸 지켜보는 그 평범한 시간이 어떤 변화의 시작이 될 수 있다. 삶에 자유를 추가하는 데에는 대단한 변화가 필요하지 않다는 것을 이곳에서 새삼 배웠다. 오히려 별것 아닌 일상의 한 장면들이 내 안의 숨통을 조금씩 열어준다. 그러니 나부터 잠깐 멈추고 비워내는 일부터 시작해보자. 그게 결국 나를 살리고, 언젠가 누군가와도 조금 더 여유롭게 웃으며 만날 수 있게 만들어줄지 모른다.

Nonchalance

 남편과 함께 스페인 남부인 말라가를 여행했을 때의 일이다. 여행의 컨셉은 '현지인처럼 살아보기'였기에 우리는 호텔 대신 에어비앤비로 긴 날짜로 예약을 해놓았으며 식사는 맛집 탐방이 절반, 식재료 사서 직접 요리하기가 절반이었다. 하루 종일 돌아다니며 놓친 곳은 없는지 타이트하게 일정을 짜기보다는 아침과 점심 사이에는 카페에 자리를 잡고 나란히 앉아 사람들을 구경하는 일로 보내기도 했다.

 날씨 좋은 주말이어서 그랬을까? 테라스에 앉아서 각자 노트북을 켜고 일을 하던 우리 앞에 약 70대로 보이는 노부부가 다가와 다른 곳에 자리가 없어서 그러니 테이블을 같이 사용해도 되겠냐고 물었다. 나는 흔쾌히 가능하다고 말하며 노트북을 내 쪽으로 당겨 그들이 커피를 테이블에 내려놓을 수 있는 자리를 마련해주었다.

한 10분 정도가 지났을 때쯤, 다정하게 대화를 나누던 노부부의 눈길이 내 노트북을 향하고 있는 걸 알게 되었다. 그리고 시선을 고정한 채 계속 무언가의 의견을 나누는 것처럼 보였다. 노트북 덮개에 붙어 있는 스티커는 단 두 개. 살짝 눈을 감으며 여유를 부리는 것 같은 표정의 고양이 스티커 하나와 그 위에 한글로 적혀 있는 커다란 네 글자.

'대충 살자.'

한글을 알고 있는 것 같아 보이진 않았기에, 그분들은 그 네 글자가 의미하는 것이 무엇인지 추측하는 것 같았다. 그들의 시간을 빼앗게 만든 스티커 주인으로서 약간의 책임감을 보여야 할 것만 같아 슬쩍 말을 건넸다.

"그건 한글이에요. 저는 한국인이거든요. 뜻은 '대충 살자'인데. 그냥 좀 뭐랄까, '너무 힘들게 애쓰며 살지 말자. 여유를 갖자'라는 뜻을 재미있게 표현한 거예요."

설명을 듣자 그들은 이제야 의문이 풀렸다는 듯 심각했던 표정이 환하게 피어났다. 그러고선 80년을 넘게 살아보니 그 말에 동의한다며 귀여운 고양이가 참 현명하다는 농담을 던졌다. 그렇게 우리는 남편을 포함해 넷이서 30분이 넘는 수다를 떨었다.

그들의 긴 이야기를 들으니 나는 마치 한 편의 오래된 영화를 옆자리에서 함께 본 듯한 기분이 들었다. 약 60여 년을 부부로 살아오며 사랑하고, 다투고, 다시 화해하고, 함께 울고 웃었던 날들의 무게가 느껴졌다. 그들은 부부라는 이름 아래에서 늘 서로를 선택하고 또 포기하며, 그렇게 매일의 순간들을 쌓아왔던 것이다.

세 명의 자식을 키우며 겪었던 일들도 들을 수 있었다. 갓난아기를 키우던 지독한 피곤함, 사춘기에 부딪혀 서로 울며 싸우던 날들, 자식들이 결혼하고 독립한 뒤 집 안이 갑자기 넓어지고 고요해진 순간의 허전함도. 이제는 손녀와 손자들을 보며 세월의 흐름이 너무도 빠르다는 것을 실감한다고 했다. 그렇기에 이제는 남아 있는 건강을 지키는 것이 삶의 최우선이 되었다고 말했다. 소금이라도 더 걸을 수 있을 때,

조금이라도 더 멀리 갈 수 있을 때 이렇게 함께 손잡고 새로운 도시를 찾아 나서는 일이야말로 가장 큰 사치이자 행복이라고 말하며 웃는 그 둘의 표정은 편안해 보였다.

난 그들에게 조심스레 조언을 구해봤다. 지금의 우리에게 해주고 싶은 한마디가 있는지 말이다. 조심스레 입을 연 그들의 대답은 '돌아올 수 없는 지금의 순간에 집중하라'였다. 언뜻 들으면 식상한 메시지일 수도 있지만 그들의 경험담을 직접 통해 들으니 새삼 와닿았다. 그들도 젊었을 때는 많은 돈을 벌어보겠다고 앞만 보고 달리던 시절이 있었을 것이다. 혹시라도 자신들이 뒤처지진 않았는지 주변 사람들과 비교도 많이 했다고 한다. 그러나 인생의 끝자락에 도달해보니 중요한 것은 얼마를 모았는지보다, 과거를 떠올렸을 때 가슴이 따뜻해지는 순간이 얼마나 많은지였다고 고백했다. 돌이킬 수 없는 순간들을 놓쳤다는 아쉬움은 정작 돈으로 바꿀 수 없다면서 말이다.

아이들이 하루하루 다른 얼굴로 피어나는 것을 놓치지 않을 여유, 남편과 함께 늙어가며 변화하는 계절을 느끼는 시간, 그 모든 것이 바쁘게 애쓰는 삶 속에서 너무나 빠르게 스쳐 지나갔다고 했다. 그렇게 쏟아부은 애씀이 과연 얼마나 값진 결과로 남았는지 모르겠다며, 우리에게는 좀 더 현명한 태도를 가져보는 것도 좋겠다고 말해주었다.

그들의 이야기를 듣고 있자니, 내 노트북 위의 작은 스티커가 그저 장난처럼 보이지 않았다. 정말로 대충 사는 사람이었다면 붙이지 않았을 스티커였다. 누군가에게 듣고 싶었던 말이었기에 그것을 보자마자 손을 뻗어 집어들었을 것이다. 대충 살고 싶지만 그게 잘되기 않기에, 그래서 노트북의 스티커를 붙여 선언이라도 함으로써 스스로에게 상기시키고 싶었던 것이다. 이 네 글자는 사실 내가 바라는 삶의 태도의 선언이자 간절한 주문이었다. 모든 걸 완벽하게 해내야 한다는 강박 속에서 스스로를 재촉해온 내게 주는 일종의 탈출구의 역할이랄까.

남편과 나는 주말마다 한 번도 맛보지 못한 새로운 음식을 먹으러 레스토랑에 가는 것을 즐겨 한다. 어느 나라의 음식을 먹을지만 합의되었다면 서로 원하는 날짜를 조율한 뒤 음식점을 정하는 것, 곧바로 레스토랑에 전화를 해 예약까지 마치는 것은 내 몫이었다. 문제는 실행력 다음의 걸정 단계였다. 그때마다 이 '대충 살자'가 마음처럼 되지 않는 것이다.

해당 음식이 어떻게 생겼는지 가늠할 수조차 없게 메뉴의 이름만 딱 올려놓은 불친절한 메뉴판 탓에 시간이 오래 걸리는 것이라고 처음에는 내가 나에게 변명하고 싶었다. 그러나 맛과 재료를 유추할 수 있는 충분한 설명과 사진이 포함된 메뉴판을 받았을 때도, 메뉴판의 사진을 찍어 인공지능 검색으로 각 메뉴들이 어떤 재료로 만들어지고 어떤 맛을 느낄 수 있는지까지 알아낸 뒤에도 메뉴 하나를 결정하는 데 주저할 수밖에 없었다. '대충' 고르는 게 도무지 되지 않는 것이다.

적당한 시간을 끄는 것은 신중함이라 불릴 수 있겠지만 그것이 지나치면 자기 선택에 확신이 없는 것이다. 자신이 고른 메뉴가 실패로 끝나는 것을 받아들이기 어려워한다는 방증이므로. 예상했던 맛을 반드시 느껴야만 했고, 메뉴 하나를 고르더라도 결과를 완벽히 통제할 수 있어야만 했다. 그러니 그렇게 삼사숙고해 메뉴를 골랐음에도 결과가 마음에 들지 않으면 실망감은 더욱 커질 수밖에 없었다.

누구나, 그리고 언제나 예측했던 결과를 맞이하지 않을 수 있다. 어쩌면 살아가면서 그 비율이 반대의 비율보다 훨씬 높을 것이다. 여기서 '그럴 수도 있지. 뭐, 오늘은 대충 먹자'가 되면 그 상황에서 빠르게 빠져나와 기분이 상할 일이 없다. 하지만 나는 꽤 오래 그 간단한 요령을 발휘하지 못했다. 이게 되지 않았던 이유는 무거워서였다. 계획을 짜고 결정을 내리는 그 단계에서의 태도가 무거워질수록 기대감은 저절로 커질 수밖에 없었으니까.

기대감으로 꾹꾹 눌러져 있던 감정은 용수철처럼 튀어올라 이내 실망감으로 변한다. 누구를 탓하리라? 이런 일이 반복해서 쌓이면 자기효능감도 낮아진다. '겨우 음식 하나 고른 걸로 무슨 자기효능감까지?'라고 생각할 수 있다. 하지만 음식 메뉴 고르는 일뿐만이 아니다. 자격증 시험 공부, 다이어트 프로젝트 등등 자신이 세운 계획이 매번 너무 무거워져서 실패를 반복한다면 '어차피 안될 거였지'라는 학습된 무기력에 빠질 수도 있다. 수능 수험생 시절 플래너에 붙어 있던 경고 아닌 경고 문구는 옳았다.

무리한 계획은 실패를 불러옵니다. 할 수 있는 양의 80퍼센트만 계획하세요. 일요일은 계획을 세우지 않고 주중과 토요일에 미처 끝마치지 못했던 공부를 보충하세요. 혹은 열심히 했다면 하루쯤은 그냥 쉬어도 좋아요.

나는 '할 수 있는 양이 있다면 100퍼센트는커녕, 120퍼센트를 해야지 무슨 80퍼센트? 그건 너무 대충 사는 거야. 그건 싫어'라고 생각하며 하루하루를 살아왔다. 특히 일주일 중 하루를 아무런 생산 없이 보내며 쉰다는 건 내겐 있을 수 없는 일이었다. 친한 친구 몇 명을 만나 식사를 마치고 카페에서 수다를 떨 때도 '자, 우리의 오늘 대화 주제는 이거야'라며 노트와 펜을 꺼내 들어 인터뷰어를 자청했던 사람이 나라는 사람이었다.

그런데 이제는 좀 대충 살기로 했다.

우리는 '열심히 사는 것'만을 옳다고 배워왔다. 나 또한 다이어리에 빡빡한 계획을 채우고, 빈틈 없이 움직이며, 어떤 실패도 허용하지 않으려 애썼다. 그 시절의 나는 어쩌면 무언가를 더 많이 이루었을지 모르지만, 그만큼 더 많이 나를 잃었을지도 모른다.

어느 날 스스로에게 물었다. 성공과 성취만으로는 설명

되지 않는, 더 깊고 단단한 삶의 결은 어디에서 오는가? 숫자로 증명되지 않아도, 남에게 설명되지 않아도, 시간이 지나도 빛을 잃지 않는 어떤 결. 마침내 이곳에서 깨달았다. 애씀의 흔적이 지나치게 묻어나는 삶은 아름답지 않다는 것을. 힘을 덜어낸 자리와 자연스럽게 흘러가는 여백에서 비로소 아름다움이 드러난다는 것을 말이다.

Nonchalance. 직역하자면 '태연함'으로, '필요 이상의 애씀을 보이지 않는 태도'를 뜻한다. 아무것도 하고 싶어하지 않는 게으름과는 다르다. 오히려 딱 필요한 만큼만 힘을 쓰고, 나머지는 흘려보낼 줄 아는 고요한 자신감에 가깝다.

문득 그 단어가 '대충 살자'라는 말과 닮아 있다는 생각이 들었다. 얼핏 들으면 책임 회피나 무성의함처럼 들리지만, 내가 말하고 싶은 '대충'은 그게 아니다. 힘들이지 않는 우아함의 태도랄까? 필요 이상의 힘을 쓰는 순간, 삶의 결은 쉽게 투박해진다. 반면 조금 덜 신중하고, 조금 덜 계획하고, 조금 덜 애쓰는 태도에는 특유의 분위기가 있다. 비워낸 자리에서 자연스럽게 드러나는 시크함, 바로 그것이 '대충 살자'의 미학일 것이다.

흘려보내는
태도에 대하여

'계획을 세우지 않을 것.'

 이것이 몇 해 전부터의 새해 계획이다. 나는 계획을 세우는 것을 너무나 좋아한다. 틈만 나면 빈 종이를 꺼내 들고 여태 어떻게 살아왔는지, 그래서 앞으로는 이를 바탕으로 어떻게 살아갈 것인지에 대해 적어나간다. 그간 나름대로 잘 살아온 것 같았고, 또 내가 종이에 적어 나가는 대로 인생을 만들어나갈 수 있을 것이라는 자신감이 들었기에 내게 종이에 계획 세우기는 일종의 에너지 레벨을 올리는 취미라고도 할 수 있다. 하지만 알고 있다. 이렇게 계획을 세우는 일은 순간의 즐거움을 느끼고 행복한 상상을 하는 것에 그칠 수 있다는 사실을.

그렇다고 해서 무작정 '되는 대로 살아가자'는 뜻은 아니다. 인생에서 비교적 큰 변화를 가져오거나 나를 단번에 증명할 수 있는 중요한 목표들을 중심으로 큰 줄기만 잡고 나아가면 충분하다. 예를 들어 결혼을 할 것인지 말 것인지, 아이를 가질 것인지 말 것인지, 혹은 어떤 분야에서 커리어를 일관되게 쌓아나갈 것인지 같은 문제들 말이다. 나아가 삶에서 추구하는 가치들의 우선순위를 어떻게 두느냐와 같은 철학적인 문제들 정도면 충분하다.

계획이 길어지고 깊어질수록 인생은 무거워진다. 쉽게 움직일 수 없으니 도전이 어려워지고, 미리 세워둔 계획에서 벗어나면 마치 스스로와의 싸움에서 진 것 같은 기분이 든다. 그렇게 나는 내 눈치를 보기 시작하고, 그 순간부터 자연스러움은 사라진다.

이 '가볍게, 가볍게'의 태도를 내가 집에서 공유 오피스에 출근할 때마다 실감한다. 대체로 이런 식이다. 아침엔 늘 의욕이 넘친다. '오늘은 영어 공부도 하고 프랑스어 공부도 해야지. 유튜브도 찍고 싶으니까 카메라도 챙겨야 하고, 글도 쓸 예정이니까 노트북도 가져가야지. 이, 태블릿도 필요할 수 있으니 일단 넣어두자. 날이 추워질지도 모르니 겉옷 하나 더 챙기고… 아차, 비 올 확률이 40퍼센트라고 했으니 우산도.' 이렇게 챙기다 보면 금세 3~4킬로그램짜리 가방이 완성된다. 그리고 그 무게를 어깨에 멘 순간부터, 단단히 굳은 승모근이 생기기 시작한다. 몸이 무거워지니 어디론가 이동하기가 점점 더 어려워진다.

마음 같아서는 공유오피스에서 일하다가 날씨가 좋은 것 같으면 공원으로 나가 벤치에 앉아 책도 읽고 싶고, 그러다 버스를 타고 옆 동네의 처음 가보는 카페에도 들러보고 싶다. 하지만 가방이 너무 무겁다. 그래서 결국 '짐도 많은데 그냥 여기 있자'가 되어버린다. 그렇게 새로운 기회는 조용히 사라진다.

조금 더 가볍게 살아도 괜찮다는 걸, 유럽 사람들의 삶을 보며 자주 느낀다. 이곳 사람들은 참 '가볍다'. 부정적인 의미가 아니라, 긍정적인 결의 가벼움이다. 모든 일을 '그럴 수도 있지'라는 마음으로 받아들이며, 심각한 일조차 유머로 녹여낸다. 하나의 일에 모든 에너지를 쏟지 않기에 번아웃도 덜하다. 남은 에너지는 문화나 예술 활동에 쓰고, 그 속에서 다시 영감과 활력을 얻는다. 그들의 이런 '가벼움'은 일상의 작은 인사에서부터 드러난다. 엘리베이터 안에서도 인사, 같은 아파트 단지에 산다는 이유 하나만으로 길에서도 인사. 심지어 처음 보는 사람에게도 방긋 웃으며 인사한다. 그 단순한 인사 속에 여유가 있고, 삶을 가볍게 대하는 태도가 담겨 있다.

또 하나 놀라운 점은, 첫 대화의 문장은 길지만 내용은 놀라울 만큼 가볍다는 것이다. 공유오피스 직원과의 인사를 예로 들어보자. 한국에 있을 때는 "안녕하세요" 정도가 전부였다. 몇 달 동안 매일 얼굴을 마주친 뒤에야 비로소 "주말 잘 보내셨어요?" 같은 가벼운 안부 인사가 오갔다. 하지만 이곳에서는 다르다. "Bonjour!(안녕!)", "Bonjour! Ça va?(안녕, 잘 지내?)", "Ça va bien. Et toi?(응, 좋아. 넌?)", "Moi aussi. Merci!(나도, 고마워!)" 이 네 문장이 기본 세트다. 심지어 한국에서처럼 친밀한 사이가 아닌데도 이렇게 주고받는다. 더 흥미로운 건, 이런 인사말이 나에게만 해당되는 게 아니라 그들이 만나는 모든 고객, 모든 사람에게 향한다는 점이다.

마지막으로 하나 더. 칭찬이 일상이다. 이건 다른 유럽의 도시 여행에서도 느낀 것인데, 내가 봤을 땐 별것 아닌 것 같은 상황에서도 "Perfect", "Awesome", "Cool" 이런 감탄사를 정말 많이 쓴다. 피렌체 여행 도중 이탈리아 식당에서의 일이다. 어떤 걸 주문할 것인지 다가와서 묻는 종업원에게 하나씩 메뉴를 말하는데, 나의 대답을 들을 때마다, "Perfect", "That's great"와 같은 말을 내뱉길래 '자기네 음식에 그만큼 자부심이 큰 건가?'라고 생각했지만 살아보니 원래 이곳의 문화가 그런 것임을 깨달았다.

비행기 안에서 박수갈채를 보내는 승객들을 본 적이 있는가? 여태 두 번 있었던 내 경험의 첫 번째는 스페인 바르셀로나에서 스위스 제네바로 가는 비행기였다. 이륙 직전 기장은 기후 상태로 인해 출발이 몇 시간 지연될 수 있다고 안내했다. 당장 상황을 장담할 수 없기에 약 30분만 기다려 달라는 것이었고, 다행히 30분 뒤 무리 없이 지금 출발할 수 있다는 메시지가 이어졌다. 사람들은 환호성을 지르며 박수를 쳤고, 옆자리 승객과 하이파이브를 나누는 모습까지 보였다. 나 또한 옆자리에 앉은 남자와 손바닥을 마주쳤다.

두 번째는 스위스 제네바에서 오스트리아 빈으로 가는

비행기였다. 이번엔 아무런 사전 설명 없이 비엔나 공항에 무사히 착륙했다는 기장의 안내 메시지를 듣고 승객들이 모두 손뼉을 쳤다. 나는 알아듣지는 못했지만, 기장이 처음부터 그러한 분위기를 유도하는 안내 방송 멘트를 흘렸을 수도 있다. 설령 그렇다 하더라도 사소한 것 하나에도 아이처럼 기뻐하고 유머스럽게 받아들이는 그들의 '가벼운 태도'를 우리나라로 조금은 가져오고 싶었다.

어떻게 그렇게 산뜻할 수 있는 것일까? 별것 아닌 일에서도 웃음을 만들어낼 구실을 찾아낼 수 있는 것일까? 이곳 사람들은 너무나도 무거운 일로 마음이 힘든 날이 오면 유튜브에서 우주의 광활함에 관한 영상을 찾아보며 마음을 추스리는 것일까? 본인이 얼마나 이 세계에서 작은 존재인지를 깨닫게 되어 매 순간을 유쾌하게 보내자고 되뇌는 것일까? 다음번에 이런 일이 있다면 그들을 붙잡고 물어봐야겠다. 너의 가벼움은 어디서 오는 것이냐고.

그런 분위기에 익숙해져서인지 요즘 하루하루가 너무 짧게 느껴져 어떻게든 붙잡고 싶다는 생각이 든다. 현재의 행복을 더 충실하게 보내기 위해 순간에 집중해보자는 것이다.

그러나 다시 생각해본다. 자칫하면 집중이 집착이 되지는 않을까? 행복해져야 하는 강박증에 불안해지지 않을까? 이 모든 단계를 지나 요즘의 생각은 다음과 같다.

어차피 모두 지나갈 것,
붙잡으려 하지도 말고 지나친 의미를 부여하지도 말자.
가진 것이 많아져 생각이 무거워지면 안 되니까.
유유자적하며 관조적인 태도로 살아가보자.
좋든 싫든, 조금은 거리감을 두고.

품위를 지켜주는
조용한 배짱

어릴 때는 지금 모습에 비해 소심했던 탓인지, 엄마는 늘 크게 생각하고 작은 일에 연연하지 말라며 배포를 강조하셨다.

"사소한 것에 얽매여 중요한 결정을 놓치지 마라."
"정말 중요한 일이 아니라면 신경 쓰지 마라."
"작은 것에 집착해서 어떻게 큰 것을 보겠니?"

중학생 때 좋아하는 남자아이가 생겨 엄마에게 이런저런 고민 상담을 하곤 했다. "오늘 그 애가 나한테 이걸 줬는데… 이런 말을 했는데… 이런 눈빛을 보냈어." 엄마는 잠자코 내 말을 끝까지 들어주셨지만, 마지막에는 늘 현실적인 한마디로 정리하셨다.

"상아야, 정말 너를 좋아한다면 진작에 고백했겠지. 작은 행동 하나하나에 의미 부여하지 마. 그건 네 마음이 편하려고 만드는 합리화일 뿐이야. 그리고 그 남자가 너를 좋아하는지 아닌지에 너무 신경 쓰지도 마. 한 사람에게 온 신경을 곤두세우면, 그 아이는 오히려 부담스러워서 도망가. 차라리 시야를 넓혀서, 더 많은 남자가 너를 좋아하게끔 네가 너 자신을 가꾸는 데 집중해봐."

중학생이었던 내가 그때 엄마의 말을 얼마나 잘 이해하고 받아들였는지는 모르겠다. 다만 '크게 보고 멀리 보라'는 뜻이라는 건 어렴풋이 알았다. 남자든, 인간관계든, 인생 계획이든 뭐든 간에 말이다. 그리고 성인이 된 지금, 나는 그 가르침을 '소비'에도 적용하기로 했다.

남편과 있었던 일이다. 외출 후 집으로 돌아오는 길, 종종 계획에 없던 마트에 들러 장을 보게 될 때가 있다. 그럴 때마다 남편과 나 사이엔 작은 의견 차이가 생긴다. 나는 물건 하나를 사더라도 종이봉투를 사서 담아 가는 편이다. 반면 남편은 "한두 개쯤은 그냥 들고 가면 되지"라며, 작은 물건 두세 개 정도는 손으로 충분히 들 수 있는데 굳이 봉투에

Allure

돈을 쓰는 건 낭비라고 생각한다. 남편은 오랫동안 미국에서 살며 차를 이용해 장을 봤기에, 카트를 주차장까지 끌고 가 바로 트렁크에 넣는 게 익숙했다. 아마 그래서 봉투를 사야 할 필요를 느껴본 적이 없었을 것이다.

그러니 그가 여태 소비하지 않았던 것에 돈을 쓰는 게, 그것도 네다섯 개의 물건을 가슴에 안고 가야 하는 것도 아닌 상황에서 굳이 봉투를 돈 주고 사야 한다는 게 이해되지 않았을 것이다. 이해한다. 그건 돈을 아끼는 검소한 습관일 수도 있다. 게다가 설령 내가 그 의견에 동의하지 않더라도, 평소에는 이런 사소한 문제에서는 남편의 방식을 순순히 따라가 주는 편이다.

하지만 이 상황만큼은 그냥 넘길 수 없었다. 단순한 소비 습관의 문제가 아니었다. 조금 거창하게 말하자면 내 '인생 철학'을 분명히 전하고 싶었다. 나는 그 몇백 원을 아끼기 위해 불편함을 감수하고 싶지 않았다. 산 물건을 남들에게 훤히 보이게 들고 다니며, 혹여 떨어뜨리진 않을까 조심조심 걸어야 하는 그 불안한 모습이 싫었다. 그리고 그렇게 명확히 말해야만 했다. 왜냐하면 그는 나와 평생을 함께할 사람이기 때문이다. 사소한 일일지라도, 앞으로의 삶에서 맞닥뜨릴 수많은 선택의 순간마다 '적은 돈을 아끼는 것'이 '나의 불편함'을 대신하게 두고 싶지 않았다.

버스를 기다릴 힘도 없을 만큼 피곤할 때나 짐이 많아 조금의 이동조차 수고롭게 느껴질 때는 단거리라도 택시를 타는 것. 비행할 때 비즈니스석까진 아니더라도 몇만 원, 혹은 조금 더 지불하더라도 레그룸이 몇 센티미터 더 넓은 일반석 중 최상위 좌석을 예약하는 것. 비행기 티켓값을 아끼려다 스케줄 변경이 잦은 저가항공이나 너무 이르거나 늦은 시간대의 비행을 선택하지 않는 것.

마지막으로 또 하나. 다른 유럽 도시로 여행을 떠날 때, 어떤 호텔에서 얼마나 쾌적하게 머무느냐는 단순히 숙박 중의 기분에만 영향을 미치는 것이 아니다. 그것은 여행의 전반적인 무드, 나아가 그 도시를 기억하는 감정까지 좌우한다. "아, 그 도시 정말 좋았지. 호텔도 완벽했어. 또 가고 싶다." 나중에 이렇게 말할 수 있도록, 나는 숙소에 돈을 아끼지 않는다. 그리고 무엇보다 이런 나의 행동 습관과 선택 기준을 남편에게 꾸준히 알려왔다.

"솔직히 '티끌 모아 태산'이라는 말에 크게 동의하지 않아. 기분에 돈을 쓰는 건 그만한 가치가 있다고 생각해. 그 돈으로 좋은 에너지를 충전하고, 그 힘으로 더 잘 살아갈 수 있다는 확신이 있으니까."

이런 내 생각을 증명하기 위해, 연애 시절 내내 나는 말이 아니라 행동으로 먼저 보여왔다. 생각해보라. 이제 막 알게 된 여자가 여행을 갈 때마다 "아, 피곤해. 지하철은 싫어, 택시 타자!", "난 여행 갈 때 최소 4성급 이상, 평점 4.5 이상 호텔에만 묵으니까 그렇게 예약해줘요"라고 말한다면, 누가 좋게 보겠는가. 아마 속으로 '뭐야, 이 여자는? 그렇게 원하면 자기가 내든지'라고 생각할 것이다. 그래서 결코 타협할 수 없는 소비에는 스스로 먼저 내겠다고 했다.

'나는 이런 생활 방식에 익숙한 여자야. 남자를 이용하려는 사람이 아니라, 단지 나의 기준과 습관이 분명할 뿐. 우리의 관계가 깊어질수록, 당신이 나의 결정을 존중할 수 있는 사람인지 지켜보고 싶어. 가능한 선택지가 있다면, 좋은 곳에서 함께 머무는 것에 동의할 수 있는지도.'

여기서 가장 중요한 핵심은 이것이다. 그렇게 해서 내린 선택이 결국 얼마나 '이득이 되는지'를 직접 보여주었다는 사실이다. 편안함에 조금 더 돈을 쓰더라도 이를 통해 더 큰 에너지를 얻고 그 에너지로 배우자를 든든하게 지원할 수 있다는 것. 이로써 궁극적으로 둘 사이의 관계를 더욱 기분 좋게 유지할 수도 있다는 것. 겉으로 보기엔 쓰지 않아도 되는 곳에 돈을 쓰는 것처럼 보이지만, 결과적으로는 그 만족감이 나를 더 효율적으로 움직이게 만들어줬다. 심지어 더 큰 돈을 벌게 도와줬다.

실제로 이번 말라가 여행도 그랬다. 모든 환경과 분위기, 매 순간이 만족스러워 콧노래가 절로 나올 만큼 기분이 좋았고, 그 에너지를 바탕으로 글을 쓸 수 있었다. 어쩌면 마음 한편에는 '이렇게까지 돈을 썼는데, 무언가라도 더 남겨야 하지 않겠어? 적자는 안 되지'라는 적절한 압박이 주는 긴장감도 도움이 되었을 것이다. 나는 그곳에서 발전해가는 모든 과정을 남편에게 공유했고, 그렇게 '비싸게 쓴 돈'으로 얻은 성취를 바탕으로 남편을 좋은 레스토랑에 데려가 그가 먹고 싶은 요리를 마음껏 주문하게 했다. 그것이 내가 '배포의 중요성'을 설득한 방식이었다. 말로 설득하려 하지 말고, 행동과 결과로 보여주는 것. 그것이야말로 진짜 배짱의 필요조건이니까.

정말 아끼고 싶은 것, 욕심내도 괜찮은 것 하나쯤은 있어야 하지 않을까. 시간을 들일 만큼, 돈을 쓸 만큼 내 마음이 가는 것. 그런 걸 마음속에서 꺼내 조용히 다듬어본다. '이게 과연 나에게 더 나은 결과를 가져다줄까? 시간을 들일 만큼, 돈을 쓸 만큼 가치가 있는 걸까?'라고 스스로에게 묻는다. 그리고 마음속에서 '그렇다'라는 대답이 들려온다면, 그걸로 충분하다. 누군가에게 설명해야 할 날이 온다면 "나는 이런 걸 좋아하고, 이런 걸 믿는 사람이에요"라고 말할 수 있으면 좋겠다. 괜히 눈치 보지 않고, 내 선택을 스스로 지킬 수 있는 배짱 하나쯤은 있다고. 이 정도 배짱은 부릴 수 있는 자유가 허락된 삶. 나는 이것이 우리가 추구해야 할 진짜 자유라고 믿는다.

나를 지켜주는
가벼운 힘을 기르다

이곳에 정착한 지 두 계절이 흐른 무렵이었다. 도착했을 때만 해도 발코니 밖의 나뭇잎은 짙은 갈색이었는데 어느새 노란 개나리가 피는 걸 보니 봄이 오고 있었다. 아무것도 없던 집의 빈공간이 엊그제 같은데, 시간이 이렇게나 흘렀다니 믿기지 않았다. 이케아에서 주문한 침대가 배송되기 전, 며칠 동안 거실 바닥에 토퍼를 깔고 잤던 날들이 아직 생생한데 말이다. 이제는 그 자리를 하나둘씩 채운 가구들이 있고, 취향대로 고른 머그잔과 접시, 계절마다 바꾸는 카펫도 있다. 주말마다 남편과 함께 비운 와인병들이 발코니에 줄지어 서 있다. 그렇게 많은 것들이 쌓였다.

물건들이 채워질수록 마음도 어딘가 채워지는 기분이었

다. 하지만 이와 동시에, 쌓인 것들 사이로 서서히 무게가 늘어갔다. 버려야 할 것과 남겨야 할 것을 구분하지 못한 채, 나는 그저 쌓기만 했던 것이다.

물건이든 사람이든 시간이 쌓이면 이상하게도 무거워진다. 몇 년밖에 살지 않을 곳이라 생각했던 제네바에서 어느새 짐이 늘어나 있었던 것처럼, 사람과의 관계도 처음엔 가벼웠던 마음이 점점 무게를 더해간다. 버리고 또 버려도 자꾸만 쌓이는 물건처럼, 언제 놓아야 할지 모른 채 기약 없이 붙잡고 있는 감정들이 마음 어딘가를 차지한다. 문득 그런 생각이 들었다. 정말 필요한 건 무엇일까. 언젠가 모든 걸 정리해야 할 순간이 온다면 과연 나는 무엇을 들고, 어떤 마음으로 떠날 수 있을까.

그래서 하나씩 꺼내 담아봤다. 크지도 무겁지도 않은 작은 캐리어 하나. 기내용 캐리어보다도 작은, 어깨에 걸 수 있을 만큼의 크기. 그 안에는 여권 한 장을 가장 먼저 넣었다. 어디라도 갈 수 있는 '용기' 같은 것. 그 여권 하나만 있으면 적어도 나를 증명할 수는 있을 것 같았다. 언어도, 문화도, 사람도 모두 낯설겠지만 적어도 세상 어딘가에서 다시 시작할 자격은 가진 셈이니까. 가보지 않은 도시, 모르는 사람들 사이에서 길을 묻고 낯선 공기를 마시며 다시 살아볼 수 있는 최소한의 자격.

그렇게 여권을 꺼내 쥐었을 때, 어쩐지 어디든 갈 수 있을 것 같은 근거 없는 용기가 조금 생겼다. 내가 모르는 길로도, 아직 가보지 않은 나라로도. 그리고 한국에서 가져온 오래된 지갑. 그 속에는 지폐보다 더 오래된 추억들이 들어 있었다. 몇 년 동안 쓰지 않았지만 버릴 수 없었던 다이어리 한 권도 넣었다. 아직 비어 있는 페이지가 많아 언젠가 다시 꺼내 쓸 수 있을 것 같아서. 그 빈칸이 괜히 나를 기다리고 있는 것처럼 느껴지기도 했다.

이미 지나온 이야기들은 끝났지만 앞으로 쓸 수 있는 이야기가 더 많이 남아 있다는 걸 잊지 않고 싶었다. 낯선 어딘가에서도 다시 처음부터 내 역사를 써나갈 수 있는 사람이란 걸 확인하고 싶었다. 아끼는 반지들과 목걸이 등의 주얼리, 선물 받았던 시계들도 조심스럽게 챙겨 넣었다. 그리고 마지막으로, 사진 몇 장과 오래전에 주고받았던 편지들도 가방에 넣었다. 누군가 내 이름을 불러줬던 소중한 순간들이 담겨 있었다. 나라는 존재의 증명이 스스로에게 필요할 때 가장 유용하게 활용할 수 있을 것 같은 물건들이었다. 언젠가 어디에서든 다시 나를 일으켜줄 것 같은, 말 없는 증거들이었다.

이해를 돕기 위해 조금 극단적인 장면을 떠올려본다. 나도 모르게 상상해보았던 그림. 언젠가 남편이 문득 내게 이런 말을 건네는 장면이다.

"미안하지만, 이제 그만 나가줬으면 좋겠어."

물론 현실에서는 쉽게 일어나지 않을 일이라고 생각하면서도, 어쩌면 정말 그런 날이 올 수도 있다는 생각을 해본 적이 있다. 이 집의 월세와 생활비를 비롯한 모든 경제적인 영역을 그가 책임지고 있기에, 나와 함께 사는 게 더는 즐겁지 않다면 그렇게 말할 수도 있지 않을까. 아주 가끔, 그럴 수도 있겠다는 상상을 해본다. 그런 상상을 할 때면, 나는 늘 그 장면을 조용히 이렇게 마무리 짓곤 했다. 별다른 말도 없이, "그래, 알겠어" 이 단 한마디만 남기고 자리에서 일어나는 나. 그리고 옷장 깊숙한 곳에 숨겨두었던 작은 캐리어 하나를 꺼내 들고 미련 없이 문을 나서는 나.

그렇게 가볍게 떠나는 모습을 상상해본다. 물론 그런 날이 오지 않기를 바란다. 아니, 그런 일은 결코 없을 것이라고 믿고 싶다. 하지만 혹시라도 언젠가 그런 순간이 찾아온다면, 그 가방 하나만 들고 미련 없이 일어설 것이다. 이것저것 짐을 챙기다보면 시간이 길어져 발걸음은 점차 무거워질 것이고, 그와 반비례하여 내 자신은 점점 초라해지고 작아지는 느낌이 들 것이다. 그 캐리어는 언제든 집 밖을 나와 새로운 세계로 나아갈 수 있다는 자유 의지이자 누구의 도움 없이도 스스로 내 길을 찾아 나아갈 수 있다는 자립의 상징이었다.

언젠가 닥칠지 모르는 이별이나 변화를 무섭게 여기지 않고, 담담하게 받아들일 수 있을 만큼 단단한 사람이 되고 싶었다. 가방 하나로 끝낼 수 있을 만큼 가벼운 사람이 되기 위해 필요한 건 생각보다 많았다. 언젠가 내가 홀로 서야 할 날이 오더라도 그저 조금 쓸쓸한 한숨 정도만 내뱉고 일어설 수 있기를.

그 가방을 쓸 일이 없기를 바라면서도 나는 오늘도 그 가방 안을 생각하며 살아간다. 그 작은 가방 하나를 채우기 위해서 필요한 건 예상외로 많았다. 물건이 아니라, 오히려 물건을 넘어선 것들. 어디를 향하더라도 쉽게 무너지지 않는 체력. 혼자서도 스스로를 다잡을 수 있는 강한 마음가짐과 독립심. 마지막으로 나의 생계를 책임질 수 있을 만큼의 최소한의 돈.

 이 연습의 목적은 나 혼자 잘 살아남기 위함만이 아니다. 오히려 그 반대였다. 언젠가 혼자서도 일어설 수 있다는 믿음이, 지금 우리 사이를 더 단단하게 만들어주었다. 애써 거리를 두려는 게 아니다. 서로에게 기대지 않기 위해, 정말 필요한 순간에 더 맑은 마음으로 서로를 바라볼 수 있기 위해 거리를 두자는 것이었다. 나를 위한 준비였지만, 결국 우리를 위한 일이기도 했다. 스스로 설 수 있는 사람이 되어야 함께 걸을 수 있다는 걸 나는 조금씩 알아가고 있었다. 그리고 그건 남편에게만 해당하는 이야기가 아니었다.

 가족이든 친구든 이 세상 누구와의 관계든 모두 마찬가지였다. 더 크게 말하자면, 인생 전체가 그랬다. 어디에도 집착하지 않고, 누구에게도 매달리지 않으면서도 누군가를 사랑하고, 어떤 삶을 살아낼 수 있는 사람. 내 안에 그 가능성을 조금씩 쌓아가는 것. 어쩌면 지금 내가 하는 모든 선택이 결국은 그 방향으로 나아가는 과정이 아닐까. 문득 그런 생각이 들었다.

사람을 가볍게 대한다는 건, 적당히 선을 긋고 마음을 덜 쓰겠다는 뜻이 아니다. 오히려 그 사람 나름대로의 삶의 무게를 인정하고, 괜히 내가 더 얹지 않겠다는 마음에 가깝다. 우리는 각자 이미 충분히 많은 것들을 짊어지고 있으니까. 굳이 더 무겁게 만들지 않아도 될 이유는 충분하다. 나 역시 누군가의 어깨 위에 또 다른 짐이 되고 싶지 않다. 더 깊이 사랑하기 위해 괜히 서로를 짓누르지 않겠다는 다짐 같은 것. 그렇게 조금 가벼운 마음으로, 조금 더 따뜻한 거리에서 바라보며 살아가고 싶다.

그 캐리어는 지금도 방 어딘가에 조용히 자리 잡고 있다. 가끔은 존재조차 잊고 지내다가도 우연히 눈에 들어올 때면, 뚜껑을 열어볼까 하다 말곤 한다. 약간의 먼지가 쌓여 있지만, 굳이 치우지도 않는다. 쓸 일은 아마 없을 것이다. 없길 바란다. 하지만 그럼에도 불구하고 나는 그 작은 가방을 계속 곁에 두려 한다. 언젠가 삶이 또다시 무겁게 느껴지는 순간이 오더라도, 가볍게 걸어서 밖으로 나설 수 있다고, 그러니 가볍게 살아도 괜찮다고 내게 조용히 말해줄 담보처럼.

Allure

일상을 축제로 만드는
유머의 온도

제네바에서의 일상이 어느 정도 안정적인 궤도 위에 오른 뒤, 남편의 학회 출장을 따라 피렌체의 한 호텔에 머물렀을 때의 일이다. 나는 일부러 남편보다 조금 일찍 조식 레스토랑에 내려와 혼자만의 시간을 즐기며 여유를 만끽하고 있었다. 오늘은 어디를 둘러볼까, 점심에는 파스타 만들기 클래스가 있으니 크루아상은 두 개 대신 한 개만 먹어야 할까, 이런 사소한 고민을 하고 있을 때였다. 내 앞 테이블에서 묘한 장면이 펼쳐졌다.

50대 중후반쯤 되어 보이는 남성이 먼저 앉아 있었는데, 잠시 후 비슷한 또래의 다른 남성이 커피와 빵이 담긴 접시를 들고 다가왔다. 서로 낯선 듯 어색한 표정을 짓는 걸 보니 일행은 아니었다. 다가온 남자가 "죄송하지만 이 자리는 제가 맡아둔 테이블이에요"라고 말하자, 먼저 앉아 있던 남성은 곧장 "아, 몰랐습니다. 죄송해요"라고 자리에서 일어날 듯 반응했다.

그런데 그다음 대화가 흥미로웠다. 커피를 든 남성이 장난스러운 웃음을 지으며 "혹시 저랑 함께 아침을 드시고 싶으셨던 거라면 계속 앉아 계셔도 괜찮습니다"라고 말한 것이다. 그러자 상대도 지지 않고 "그렇다면 제 아내에게 먼저 허락을 받아야 할 것 같은데요?"라며 재치 있게 응수했다. 두 사람은 그렇게 웃음을 주고받더니, 이내 각자의 아내까지 불러 네 명이 한 테이블에 모여 아침 식사를 즐겼다. 마치 오래된 친구들이 다시 만난 듯, 우연이 만들어낸 유쾌한 동석이었다.

서유럽의 공기는 한국보다 한결 느슨하다. 그 느슨함 속에는 농담처럼 가볍고, 재치처럼 날렵한 결이 깃들어 있다. 사람들은 낯선 이를 경계하기보다 순간을 함께 웃어넘길 여유를 더 소중히 여긴다. 마음에 여유가 있으니 낯섦이 곧 부담이 되지 않고, 오히려 작은 농담 하나가 관계의 문을 열어준다.

 곰곰이 생각해본다. 모르는 사람에게 불쑥 건네는 한마디 농담에는 단순한 웃음 그 이상이 담겨 있다. 삶이 늘 빡빡하고, 어깨가 잔뜩 굳어 있고, 미간이 날카롭게 접혀 있다면 결코 나올 수 없는 태도다. 처음 만난 사람 앞에서 상황에 맞는 농담을 스르르 흘려보낼 수 있다는 건 긴장이 풀려 있다는 뜻이다. 나아가 긴장이 풀렸다는 건 더 이상 상대의 표정이나 반응을 지나치게 계산하지 않고 있다는 뜻이다.

 눈치를 보지 않는 자연스러움 속에는 '상대가 어떻게 받아들이든 나는 감당할 수 있다'는 여유와 자신감이 전제되어 있다. 그래서 농담 하나는 단순한 말이 아니라, 그 사람의 마음가짐과 태도의 총합을 보여주는 지표가 된다. 한마디 농담으로 분위기를 단숨에 바꾸는 힘은 부드럽게 상황을 주도하는 리더십으로 드러나고, 맥락에 맞는 언어를 택할 줄 아는 감각은 지성의 매력으로 이어진다.

 이와 반대로 유머러스함이 없다는 것은 곧 매력의 결핍으로 읽힐 수도 있다. 내가 가장 좋아하는 프랑스 드라마 시리즈 속 한 장면이 이를 잘 보여준다. 한 남자 주인공이 전 여자친구에게 새로운 연인이 생겼다는 사실을 알게 되고, 그 남자를 평가하며 이렇게 말한다.

"뭐? 그 남자가 괜찮아 보인다고? 잘난 척에 재수 없고, 게다가… 농담도 더럽게 못하던데*Humour de merde*."

실제로 프랑스 사람들은 식사 예절에서 '농담을 할 줄 아는 능력'을 중요한 요소 중 하나로 꼽는다. 그들의 식탁은 단순히 허기를 달래는 자리가 아니라 사회적 관계를 확인하고 교양을 드러내는 무대이기 때문이다. 이때 대화의 결은 지나치게 무겁거나 진지하기보다, 가볍고 유쾌하며 서로의 기분을 북돋아주는 방향으로 자연스럽게 흐른다. 적절한 농담은 단순한 말의 장식이 아니라, 에티켓의 한 부분으로 여겨진다. 침묵하거나 무표정하게 앉아 있는 것은 무례로 해석될 수 있고, 이와 반대로 적당한 유머와 재치 있는 말로 분위기를 부드럽게 만드는 것은 상대에 대한 배려이자 세련된 태도로 간주된다. 실제로 파리의 살롱 문화나 부르주아 가정의 만찬 자리에서는 센스 있는 한마디 농담이 교양의 척도로 평가되곤 했다고 한다.

그렇다면 유머는 어떻게 길러질 수 있을까? 거창한 비밀이 있는 건 아니다. 나 자신을 조금 가볍게 드러내는 데서 시작된다. 남을 웃기는 가장 안전한 방법은 언제나 나를 주인공으로 삼는 것이다. 자기 자신을 웃음의 소재로 내어놓는 순간, 뻔뻔함은 매력으로 바뀌고 긴장은 여유로 바뀐다. 이 태도가 가장 또렷하게 드러나는 장이 있다. 바로 자기소개다. 우리는 타인과 처음 마주하는 순간, 자기 자신을 어떻게 보여줄지 고민한다. 어떤 이는 무겁고 진지한 사실을 나열하지만, 어떤 이는 그 자리에 유머를 불어넣는다. 한번은 친구가 외국 소개팅 앱에 가입하는 모습을 지켜본 적이 있다. 마지막 질문은 이렇게 묻고 있었다.

"당신에 대한 재미있는 사실을 하나 적어주세요."

센스 있는 남자들은 보기를 1번부터 5번까지 나열해놓고선 "이 중에서 하나만이 진실입니다. 답을 맞추는 여성은…" 같은 멘트까지 덧붙인다. 여기에 나열된 문항만으로 이미 그 사람의 재치를 읽을 수 있다.

1. 책 구매 '만' 취미인 사람. 표지만 넘기고 책은 인테리어 소품으

로 사용하는 사람.
2. 크리스마스 시즌에 산타클로스 모자를 쓰고 다니는 사람.
3. 해변에서 바캉스를 즐기지만 정작 수영은 하지 않는 사람.
…

말하고자 하는 건 단순하다. 당신도 스스로에 대한 'Fun fact'를 적어보자는 것이다. 안다. 생각보다 높은 난도의 과제라는 것을. 나를 설명하는 것만으로도 충분히 어렵다. 여기에 재치까지 더하라니. 그러나 앞서도 말했다시피, 유머는 당신의 매력을 압축해 보여줄 수 있는 최종 집약체다. 그렇기에 이 한마디를 준비하는 데 며칠이든, 심지어 몇 달이 걸려도 상관없다.

솔직히 대다수의 사람에게 취미를 물어보면, 누구나 고개를 끄덕일 만한 것들을 나열하지 않는가? 음악 감상, 영화 보기, 요가 하기, 미술관 가기…. 누구나 무난하게 대답할 수 있는 것들. 하지만 그 끄덕임은 흥미로움에서 비롯된 것이 아니라, 사실은 관성적인 예의일 뿐이다. 거기에 당신만의 '플러스 알파'를 더하면 된다. 음악을 듣는다고 했을 때, 특정 장르에 대한 마니아급 열정과 지식을 드러내어 상대의 호기심을 자극할 수도 있다. 요가를 한다고 말할 때도, '서핑 요가'를 즐긴다고 덧붙이고 직접 경험한 사진 한 장을 보여주다면 이야기는 전혀 다른 결로 다가올 것이다. 유머러스함이 꼭 남들을 배꼽 잡고 웃길 만한 거창한 것이 아니어도 되니까 말이다. 가볍게 한 발을 일단 떼어보자는 것이다.

무언가의 특별함을 원하는 당신이라면 여기서 한 걸음 더 나아갈 수 있다. 취미에 개성을 더하는 것에서 멈추지 않고, 감정 자체를 표현하는 일을 덧붙이는 것이다. 단순히 말로만 "난 행복해"라고 말하는 것이 아니라 몸으로도 말해보자는 것이다.

크리스마스를 앞둔 제네바에는 한국에서 볼 수 없던 풍경을 보게 된다. 백화점 직원이 산타클로스를 연상시키는 빨간 망토를 쓰고 있고, 도서관 사서가 루돌프 뿔 모양의 머리띠를 쓰고 있다. 그렇다고 그들의 나이가 이런 눈에 띄는 행동들을 천진난만하게 할 만큼 어린 것도 아니며, 상사가 시켜서 혹은 회사의 방침이라서 어쩔 수 없이 따라야만 하는 곤혹스러운 표정을 짓고 있는 것도 아니다. 내 생각에는 모든 직원이 동일한 코스프레를 한 것이 아니기에 아마 자발적으로 자신의 취향에 맞게 기분을 낸 것 같다.

성탄절 전날, 남편과 함께 집 근처 이탈리안 레스토랑에 밥을 먹으러 갔을 때의 일이다. 코너에 위치한 한 테이블에 일흔을 훌쩍 넘어 보이는 할머니 두 분이 피자 두 판을 앞에 두고 마주한 채로 와인잔을 부딪히고 계셨고 그들의 머리 위에는 역시나 루돌프의 귀와 뿔 모양의 머리띠가 각각 놓여 있었다. 내가 30년을 넘게 산 서울에서는 단 한 번도 보지 못한 장면이었다. 신기함을 넘어 신선한 충격으로 다가왔다. 그리고 궁금해졌다. 그들은 연말 축제 분위기에 들떠 기쁨을 옷과 장식으로 표현하는 것일까? 아니면 언제나 가벼운 삶의 태도를 지니고 싶기에 그 빌미를 제공하는 휴일을 핑계 삼아 흥을 표출하는 것일까?

그 장면은 내 안에 작은 질문을 던졌다.

'그렇다면 나는? 그동안 필요 이상으로 진지하게 살아온 건 아닐까? 내가 바라는 위치에 올라서야지만 비로소 재밌는 삶을 누릴 수 있다고 최면을 걸며.'

그래서 남편과 함께 작은 실험을 해보기로 했다. 제네바의 사람들처럼, 삶을 조금 더 가볍게, 조금 더 축제처럼 살아보자는 것이었다.

우리가 처음 시작한 건 생일이었다. 단 하루로 끝내는 대신, 한 주 전체를 '축하 주간'으로 만들어버렸다. 생일이 수요일이라면 그 주 월요일부터 일요일까지, 일요일이라면 월요일부터 일요일까지. 매일 아침 서로에게 "생일 축하해!"라고 인사하며, 웃음으로 하루를 여는 것이다. 그리고 당일 파티에는 작은 규칙을 더했다. 케이크 촛불을 끄기 전, 반드시 우스꽝스러운 차림으로 노는 것. 케이크 모양의 거대한 모자를 쓰거나, "HAPPY BIRTHDAY"라고 적힌 아동용 선글라스를 낀 채 노래를 부르면 그 순간만큼은 아이 같은 웃음이 터져나온다.

하지만 곧 깨달았다. 이렇게 해봤자 1년에 단 한 번뿐인 각자의 생일을 챙기면 고작 2주밖에 되지 않는다는 것을. 아쉬움은 자연스레 또 다른 기념일을 끌어오게 만들었다. 결혼기념일, 처음 만난 날, 스위스로 이사 온 날처럼 분명한 사건뿐 아니라, 남편이 논문을 완성한 날, 내가 원고를 탈고한 날, 남편이 바벨 무게를 갱신한 날, 내가 목표한 몸무게에 도달한 날 등등… 누군가에게는 사소해 보일지라도 우리에겐 모두 소중한 축하의 이유가 되기에 충분했다. 무엇이든 의미를 부여하면 그만큼 소중해지며, 그 의미가 우리 둘만의 기쁨으로 확장된다면 그만이었다. 결국 이렇게 기념일을 넓혀가다 보니, 1년의 절반이 축하하는 날로 채워졌다.

이곳 제네바의 테라스 카페 문화는 프랑스를 닮아 있다. 인도와 구분이 어려울 만큼 도로변에 길게 늘어선 테이블들은, 천장의 답답함 대신 하늘과 바람, 계절의 공기를 대화의 배경으로 삼는다. 자연과 함께 앉아 있다는 사실만으로도 사람들의 태도는 한결 가벼워진다. 테이블의 구조 또한 두 사람이 정면으로 마주하는 대신, 나란히 앉아 같은 풍경을 바라본다. 이 배치는 대화에 긴장을 덜어내고 침묵마저도 편안하게 만든다. 길을 오가는 행인과 도시의 풍경이 마치 대화에 초대된 듯한 개방감까지 더해진다.

서울의 카페에 앉아 있으면 사정은 다르다. 유리창 너머로만 계절이 흘러가고 바람은 차단된 채 스쳐 지나간다. 의자 배치 또한 대부분 정면으로 마주 앉아야 하니, 눈길을 피할 수도, 아무 말 없는 순간을 자연스럽게 지나칠 수도 없다. 그래서일까? 그 부재 속에서 더욱 짙은 아쉬움이 피어오른다. 제네바의 사람들 속에 묻어나는 여유로움은 어쩌면 이런 테라스의 공기와 나란히 앉은 시선에서 배어 나온 것인지도 모른다. 그것이 바로 'Art de vivre', 삶을 예술처럼 살아내는 방식의 또 다른 이름일 것이다. 그런 풍경 속에서 나는 오늘도 조금은 힘을 빼고 살아도 괜찮다는 용기를 얻는다.

닮지 않아도
불편하지 않은 풍경

프랑스 파리에서 TGV를 타고 스위스 제네바 코르나뱅Cornavin 역에 도착했을 때였다. 기차역 간판에 세 가지 서로 다른 철자가 나란히 적혀 있는 것을 보고 잠시 걸음을 멈췄다. 나중에 친구에게 물으니 모두 스위스 연방 철도를 뜻하는 약자라고 했다. 제네바에서는 CFF, 취리히에서는 SBB, 루가노에서는 FFS라 부른다는 것이다. 같은 철도지만 지역의 언어에 따라 이름이 달라지는 모습은, 스위스가 언어적 다양성을 얼마나 존중하는지를 단적으로 보여주는 첫 번째 장면이었다.

앞서 말했듯이 스위스는 네 개의 공식 언어를 가진 나라인데, 제네바에선 프랑스어를, 취리히에선 독일어를, 루가노에선 이탈리아어를, 그리고 알프스 산맥 깊숙한 마을에서는

로만슈어를 사용한다. 국경을 맞댄 나라가 많다 보니 그 흔적이 고스란히 일상에 남아 있는 셈이다. 이 흔적은 기차 여행에서도 느낄 수 있었다. 기차에 오르면 먼저 프랑스어, 이어 독일어, 다시 이탈리아어, 때로는 영어까지 차례로 흘러나온다. 언뜻 번잡해 보일 수 있지만, 이곳 사람들에게는 지극히 당연한 질서다. 누구 하나 소외되지 않게 하려는 배려가 이 다중 언어 속에 자연스럽게 스며 있는 걸까?

이 의문은 얼마 지나지 않아 확신으로 이어졌다. 새로 들어선 집에 가구를 들이기 위해 남편과 함께 이케아 매장을 찾았을 때다. 식탁과 책상, 화장대, 침대처럼 부피 큰 가구들을 고르다 보니 배송이 필요했고 그 절차를 위해 직원을 불러야 했다. 그때 특이한 점을 발견했다. 직원의 이름표 옆에 작은 국기들이 달려 있었는데, 그것도 하나가 아니라 3개씩이나 붙어 있었다. 처음에는 고개를 갸웃했다.

'저 사람이 일했던 나라들을 뜻하는 걸까? 아니면 그가 다녀온 여행지일까? 에이, 설마. 그런 걸 붙일 리는 없잖아?'

궁금증이 점점 커져 결국 직접 물어보았다. 그러자 직원은 환하게 웃으며 설명해주었다. 그것은 자신이 구사할 수 있는 언어를 표시하는 방식이라고. 프랑스 국기와 스페인 국기, 그리고 영국 국기는 그가 프랑스어, 스페인어, 영어로 고객을 응대할 수 있다는 의미였다. 제네바라면 프랑스어만으로도 사람들과 소통하는 데 문제가 없었을 것이다. 하지만 혹시나 프랑스어를 모르는 사람들을 위해 이런 소소한 장치를 준비해둔 것이다.

아직 프랑스어에 서툴렀던 이주 초반이었기에 우리는 이름표에 영국 국기를 단 직원을 찾아가 영어로 소통할 수 있었다. 만약 그런 장치가 없었다면? 스마트폰 번역기에 의존하며 서툴게 말을 더듬어야 했을 테고 그 순간 어쩔 수 없이 내가 이방인이라는 사실을 깨달아야 했을 것이다. 이것이 이 사람들이 다양성을 대하는 태도였다. 굳이 먼저 나서서 말하지 않아도 '다름'을 존중하고 받아들이는 친절함.

제네바의 분위기가 풍요롭게 느껴지는 건 단지 다양한 언어가 공존하기 때문만은 아닐 것이다. 서로 다른 나라, 서로 다른 민족적 뿌리를 가진 이들이 함께 살아가며 만들어내는 다층적인 배경도 한몫할 것이다. 자연스레 우리나라와 비교가 되었다. 한국어 하나로만 의사소통이 가능한 사회 속에서, 우리의 다양성이 상대적으로 빈약해 보이는 건 어쩌면 당연한 일인지도 모른다. 언어가 사고를 규정한다는 말처럼, 단일한 언어가 우리 사회의 감각과 취향, 심지어 소비의 패턴까지도 닮아가게 한 것은 아닐까?

질문의 답은 프랑스 친구와의 인터뷰에서 확인할 수 있었다. 그녀는 한국을 여행했던 경험을 들려주었다. 공항에 도착하자마자 눈에 들어온 장면이 아직도 생생하다며 이렇게 말했다.

"한국 여성들은 모두 아름다워. 어쩌면 그렇게 예쁘게 생기고, 또 센스 있게 꾸밀 수 있지?"

칭찬을 아끼지 않았다. 내심 뿌듯하기도 했다. 그러나 곧 이어진 묘사는 조금 달랐다.

"그런데 사실 너무 비슷해 보였어. 같은 화장법, 비슷한 머리 모양, 유행하는 옷차림. 모두가 세련됐지만 동시에 하나의 틀에 꼭 맞춰진 듯했지."

그녀는 화장을 거의 하지 않고 곱슬머리를 그대로 두는 자신이, 또 트렌드 대신 자신의 취향대로 옷을 입는 자신이 그 무리에선 어울리지 못하는 듯한 압박감을 느꼈다고 했다.

나는 약간 억울한 마음이 들어 반론을 던졌다.

"글쎄, 그건 프랑스도 크게 다르지 않지 않아? 프랑스의 명품 패션 브랜드들도 결국 비슷한 기준의 모델들을 내세우잖아?"

그러자 그녀는 잠시 웃으며 고개를 끄덕였다.

"맞아. 일부 럭셔리 브랜드들은 그럴 수 있어. 하지만 그건 어디까지나 특정 광고에서만 그렇지, 우리가 일상적으로 접하는 브랜드들은 훨씬 더 다양해. 모델이 꼭 유명인일 필요도 없고. 생김새도, 꾸미는 방식도 전부 다르지. 한국은 어때?"

그녀의 말을 반박하기가 어려웠다. 제네바 거리를 걸으며 유심히 광고판을 살필 때가 많은데 한국에서라면 한눈에 알아볼 수 있는 유명인의 얼굴이, 이곳에선 잘 보이지 않았다. 고가의 명품 브랜드를 제외하고는, 가전제품·가구·생활용품 등 일반적인 광고에 무명에 가까운 일반인들이 모델로 나왔다. 간혹 사람조차 등장하지 않고 강아지가 대형마트 광고 모델로 등장하는 경우도 있었다.

그에 반해 한국은? 우리가 매일 마시는 물과 프랜차이즈에서 판매하는 커피 모델은 누구나 아는 연예인 혹은 스포츠 스타다. 굳이 유명인의 후광효과를 빌릴 필요가 없어 보이는 치킨 광고조차 마찬가지다. 치약과 샴푸와 같은 생활용품은 말할 것도 없고. 마치 그 물건들을 사용하면 광고 속 행복해 보이고 화려한 배경을 가진 삶을 살 수 있다고 말하는 것 같다.

하지만 이곳의 거리는 그렇지 않았다. 달랐다. '왜일까?' 하는 호기심에 현지인 친구에게 물었다. 그는 잠시 생각하더니 이렇게 말했다.

"여긴 너무 다양해. 미의 기준, 이상형의 기준이 집단마다 다르거든. 어떤 사람에겐 최고의 스타가, 다른 사람에겐 전혀 매력적으로 보이지 않을 수 있어. 그러니 비싼 유명인 한 명을 쓰는 것보다, 다양한 얼굴과 배경을 가진 여러 사람을 모델로 쓰는 게 훨씬 효과적이지."

피부색, 언어, 종교, 식습관, 가치관까지 모두 다르기에 가능한 상황일 것이다. 이곳은 '대다수가 공감하는 단 하나의 우상'을 세우는 것보다, 여러 조각의 퍼즐로 구성되어 누구나 편안함을 느낄 수 있는 풍경을 보여주는 편이 더 설득력 있는 곳이다. 이방인을 '틀린 사람'으로 불편하게 쳐다보지 않고 그저 '다른 사람'으로 자연스럽게 받아들이는 사회였다. 그 점이 참 편안했다. 제네바에서 새로운 사람을 만나면 그들은 언제나 '너는 왜 나와 다르지?'라는 경계심 섞인 태도가 아니라 '너는 어떤 사람이지?'라는 호기심 어린 시선으로 나를 바라봐줬다. 그 이후로 나는 광고판을 볼 때마다 그 속에 담긴 '다름의 일상'을 읽게 되었다.

그렇게 나도 조금씩, 내 일상 속에서 '하나의 정답'을 찾기보다 여러 가능성을 나란히 두는 연습을 시작했다. 한국에 돌아온 지금도 이 고민은 계속되고 있다. 꼭 언어처럼 눈에 보이는 차원이 아니더라도, 일상의 작은 선택들 속에서도 얼마든지 가능하지 않을까? 클릭 수에 따라 줄 세워진 기사들이 전부인 스마트폰 뉴스 대신 일부러 지면 신문을 펼쳐 든다. 손끝에 묻어나는 잉크 냄새와 함께 다양한 주제들이 예기치 않게 시야에 들어오는 경험은 그 자체로 사고의 폭을 넓혀준다.

알고리즘이 골라주는 익숙한 관심사 대신, 가끔은 로그아웃한 채로 낯선 영상들을 눌러본다. 혹은 전혀 다른 취향을 가진 또 다른 계정을 만들어, 내가 평소라면 지나쳤을 분야를 기어이 마주하도록 한다. 그렇게 의도적으로 좁아진 시야를 흔들어 보는 일, 어쩌면 그것이 한국에서 내가 할 수 있는 작은 '다양성의 연습'일 것이다.

우아함을
다시 정의하는 순간들

제네바의 거리를 따라 미끄러지듯 지나가는 트램을 처음 탔을 때 잠시 낯선 풍경 앞에 멈춰 섰다. 바닥과 높이가 같아 발걸음을 내딛는 순간 그대로 이어지는 선로, 맨 앞 칸에 홀로 놓인 운전석, 기사의 모습조차 제대로 보이지 않는 구조. 버스도 아니고 지하철도 아닌 그 중간쯤에 놓인 교통수단 같았다. 무엇보다 놀라웠던 건 승차할 때 따로 표를 확인하는 장치가 없다는 사실이었다. 사람들은 이미 연간 정기권을 손에 쥐고 있거나 며칠 묵는 여행자라면 정거장에서 표를 사는 방식으로 트램을 이용한다고 했다. 가끔 검문이 이루어진다지만, 그 또한 강압적이라기보다 확인에 가까운 풍경이라고 말했다.

중앙역 근처에 살던 나는 트램을 자주 이용했다. 그때마다 종종 눈에 들어온 장면이 있었다. 표가 없을 법한 노숙자들이 같은 자리에 앉아 있는 모습이었다. 한국 같았더라면 규율을 어기는 풍경으로 보였을지도 모른다. 하지만 제네바에서 나를 멈추게 한 것은 단속의 부재가 아니라, 그들이 도움을 청하는 방식이었다.

서울의 지하철 안에서는 대체로 침묵이 흐른다. 누군가는 자신의 사정을 적은 종이를 놓고 돌아다니며 돈을 받기도 하고, 또 누군가는 껌이나 작은 물건을 팔며 도움을 요청한다. 그 과정엔 거의 말이 없다. 만약 마음이 동한다면 종이 위에 지폐를 올려놓거나 물건과 돈을 맞바꾸는 것으로 끝난다. 말없이, 시선을 피한 채로.

제네바의 트램 안은 한국에서 보던 풍경과 달랐다. 종이도, 껌도, 사정을 설명하는 쪽지도 없었다. 그 대신 대화가 있었다. 그것도 건조한 부탁이 아니라, 마치 오랜 이웃에게 말을 건네듯 정중한 문장으로 이루어진 대화였다. 노숙자들은 먼저 "Bonjour madame, bonjour monsieur" 하고 예의를 다해 인사를 건넨 뒤, 이렇게 말하곤 했다.

"Est-ce que vous pourriez me donner quelques pièces? J'ai faim." (제가 배가 고파서 그러는데 혹시 동전을 조금 주실 수 있을까요?)

그들의 말투에 조금 놀란 게 사실이다. 단순히 "돈 좀 주세요"가 아니라, 불어에서 격식을 차릴 때 쓰는 'Est-ce que'로 문장을 시작하는 것에서 말이다. 어쩐지 어울리지 않을 것 같던 사람들의 입에서 흘러나오는 정중함은 낯설면서도 계속 시선을 머무르게 만들었다.

더 흥미로웠던 것은 승객들의 반응이었다. 돈을 건네는 이도 있었고 그렇지 않은 이도 있었지만, 그 차이는 크지 않았다. 중요한 건 태도였다. 어떤 이는 거절 대신 짧은 미소로 답했고, 또 다른 이는 "Je suis désolé(죄송합니다)"라고 조용히 고개를 숙였다. 마지막 장면은 늘 비슷했다. 노숙자는 돈을 받든 받지 않든 똑같이 "Merci, bonne journée(감사합니다. 좋은 하루 되세요)"라고 정중하게 인사했고, 승객들 역시 같은 말로 답했다.

이런 장면은 트램에서만 끝나지 않았다. 내가 자주 드나

들던 단골 카페에서도 비슷한 풍경을 마주했다. 남편의 출근길에 함께 나가서, 요일마다 달라지는 발길이 머무는 카페 중 한 곳에 들어가 커피를 주문한 뒤 어디에 앉을지 찾아보고 있었다. 프랑스어 공부는 꼭 책을 펼쳐야만 이뤄지는 것이 아니기에 활발하게 대화하는 사람들 근처에 자리를 잡았다. 그들의 이야기를 엿들으며 실제 원어민들이 사용하는 표현을 익히기 위함이었다.

나와 또래로 보이는 두 여성이 마주 앉은 테이블 옆으로 장소를 정했다. 한 사람은 얇은 스카프를 매만지며 말끝마다 고개를 기울였고, 다른 한 사람은 연필로 종이에 작은 선들을 이어가며 습관처럼 스케치를 했다. 대화 속에 '아틀리에', '전시' 같은 단어가 오가는 걸 보니 예술을 전공하는 학생이거나 그와 가까운 일을 하는 사람처럼 보였다. 바로 그때, 문이 열리며 60대쯤 되어 보이는 여성이 들어왔다. 낡은 코트의 단은 조금 닳아 있었고, 손에 쥔 천가방은 오래 사용한 티가 났다. 그녀는 둘러앉은 사람들 사이를 조심스레 훑어보더니, 곧장 내 옆의 두 여성에게 다가가 작지만 또렷한 목소리로 말을 건넸다.

"Bonjour. Excusez-moi." (안녕하세요. 실례합니다.)

그 다음은 길고 부드러운 프랑스어 문장들이 이어졌다. 멀리서 단어까지 알아듣기는 어려웠지만, 첫인사의 결을 보아하니 부탁이 담긴 말이었다. 두 여성은 놀라는 기색을 보이지 않았다. 한 사람이 가볍게 고개를 끄덕이며 자리에서 일어섰고, 셋은 함께 카운터로 향했다. 바리스타는 마치 예전에 비슷한 경험이 있는 듯 "À emporter?(테이크아웃 하실건가요?)"라고 묻더니 종이컵에 커피를 따랐다. 기다리는 동안 두 사람은 짧은 대화를 나눴고, 커피를 받은 여성은 컵을 두 손으로 감싸 쥔 채 "Merci, bonne journée(감사합니다. 좋은 하루 보내세요)"라는 인사를 남기고 문을 나섰다.

젊은 여성은 자리로 돌아와 아무 일도 없었다는 듯 이야기를 다시 이어갔다. 반짝이는 장신구 하나 없고 평범한 옷차림, 화장기 없는 얼굴과 부스스한 머리였지만 그녀에게서 묘하게 눈길이 머물렀다. 제네바의 유명한 명품거리인 루뒤론_Rue du Rhône_의 테라스에 앉아 명품 쇼핑백을 늘어놓고 샴페인을 기울이는 여성들과는 전혀 다른 모습이었으나, 오히려 그 단순함과 친절함 속에서 더 깊은 우아함이 배어 나왔다.

Savoir-vivre

20대까지만 해도 나는 여성의 우아함이란 겉으로 드러나는 풍요로움에서 비롯된다고 여겼다. 자유롭게 쓸 수 있는 시간을 온전히 자기 관리에 쏟아, 부지런히 피부와 머릿결을 가꾸고 운동으로 몸을 다듬는 일. 급히 서두르지 않아도 되는 일정에서 드러나는 느긋한 태도. 그리고 무엇보다 눈에 보이는 치장이 곧 여유라고 믿었다. 반짝이는 주얼리, 단번에 알아볼 수 있는 명품 가방, 계절마다 바뀌는 유행에 맞춘 구두 한 켤레.

그런 생각은 이전의 내 글과 콘텐츠 속에서도 자연스레 드러났다. 우아함을 설명할 때면 외적인 조건들을 먼저 제시했고 그 조건을 갖추는 법을 강조하는 것에 중점을 두었다. 어떻게 더 세련된 이미지를 시각적으로 연출할 수 있는지, 어떤 디테일이 한 사람의 품격을 완성하는지에 대해 말하곤 했다. 외면부터 변화를 강조해야 독자들도 즉각적인 변화를 체감할 수 있고, 따라하는 것도 훨씬 수월할 것이라고 생각했기 때문이다.

시간이 흐르고 나이의 앞자리가 '3'으로 바뀌자 기존에 내렸던 '우아함'의 정의에 의문을 품기 시작했다. 물론 그 시절의 믿음과, 그 믿음에 기대어 만들어낸 콘텐츠를 후회하지는 않는다. '연출된 겉모습'은 때로 가장 직접적이고 간단한 방식으로 나를 드러내는 수단이 되어주었고, 물질적 풍요로움은 결국 타인과 연대할 수 있는 힘의 바탕이 되기도 했으니까.

그러나 이제는 그 빛의 방향이 달라졌다. 과거에는 나 자신을 환하게 드러내는 데 집중했다면, 요즘은 그 빛을 옆으로 돌려 타인을 비추고 있다. 트램 안에서 노숙자의 말에 응답하던 승객들의 태도와 카페에서 커피 한 잔을 건네던 여성의 손길을 접하며 여유로움의 정의를 다시 써내려갔다. 진정한 우아함은 자신의 여유로움으로 다른 이의 하루를 조금이나마 편안하고 따뜻하게 만들어주는 순간에 드러난다고 말이다.

관찰자의 자리에서만 보던 친절이 이번에는 내 앞에 직접 찾아왔다. 제네바에 정착한 지 얼마 되지 않아 휴대폰을 잃어버려 길목을 서성인 적이 있었다. 하필 그때는 어두운 밤이었고, 아직 익숙하지 않은 거리에서 허둥대다 보니 불안감이 서서히 차올랐다. 마주 오던 사람 한 명이 걸음을 멈추더니 조심스레 다가와 물었다.

"무슨 일이세요?"

순간, 혹시 다른 의도가 있는 건 아닐까 하는 경계심이 먼저 올라왔다. 괜찮다는 말로 서둘러 거절했다. 나 같았더라면 그냥 지나쳤을지도 모르는 일이었으니. 그러나 그들은 굳이 멈춰 서서 나에게 말을 건넸다. 그리고 그런 장면이 한 번이 아니라 여러 번 반복되는 것을 보며, 나의 의심이 오히려 부끄럽게 느껴졌다.

비슷한 순간은 또 있었다. 제네바 중앙역 근처였다. 역 안의 마트에서 가볍게 장을 보고 집으로 가려는 찰나 낯선 남자가 불쑥 다가와 말을 걸더니 번호를 묻는 바람에 짧은 순간 몸이 굳어버렸다. 안 그래도 완벽한 프랑스어로 대답이 어려운데 갑작스러운 상황에 시선을 잃은 채 당황하고 있었다. 그때, 뒤쪽에서 눈길을 맞춘 한 여성이 있었다. 말 한마디 없었지만 고개를 살짝 기울이며 보내온 눈짓과 손짓은 분명한 뜻을 담고 있었다.

'도움이 필요하신가요?'

말하지 않았지만 무언가를 말하고 있던 그 눈빛은, 말과 행동으로 도움을 주지 않더라도 인간 사이에 흐를 수 있는 가장 단순한 친절이었다.

개인들의 크고 작은 배려의 순간들은 제네바라는 도시의 풍경과도 맞닿아 있다. 제네바의 시스템은 이미 배려를 전제로 설계되어 있다. 트램의 문이 열리면 바닥과 선로가 매끄럽게 이어져, 유모차를 밀던 사람이나 휠체어를 탄 사람 모두 누구의 도움도 받지 않고 곧장 오르내릴 수 있다. 망설임 없이 이동할 수 있다는 사실만으로도 삶의 리듬은 한결 가벼워졌다. 카페와 레스토랑 어디에서도 '노키즈존'을 찾아볼 수 없다. 아이가 울고 유모차 바퀴가 드르륵 지나가고 작은 아이가 의자에 올라 잠시 소란을 피워도 별다른 제재는 없다. 오히려 옆자리에 앉은 이가 장난감을 건네주거나 카페 주인이 아이에게 미소를 건네는 장면이 자연스레 이어진다. 그렇게 작은 따스함이 겹겹이 쌓인 풍경은 이 도시의 공기를 한결 더 여유롭게 만들어준다.

이때 다시 한번 확신했다. 우아함은 값비싼 장식에서 비롯되는 것이 아니라, 타인을 향한 세심한 태도 속에서 가장 깊게 드러난다는 것을. 그런 순간은 결코 먼 곳에 있지 않다. 누군가에게 내어줄 담백한 여유만 있다면 그 순간 이미 우리는 가장 우아한 사람이 되어 있을 것이다.

Savoir vivre

Étiquette

모두를 빛내는 미감을 배우다

Étiquette
___

사람과 사람 사이의 관계를
부드럽게 이어주는 세심한 형식들.

피니싱스쿨에서 배운
매너라는 언어

제네바로 건너온 일도, 다시 이곳을 떠나는 일도 모두 남편의 근무와 관련이 있었다. 하지만 그 여정의 의미만큼은 내 손으로 써내려가고 싶었다. 남의 발걸음을 따라 옮겨가는 일이 아니라, 그 안에서 나만의 리듬을 만들어가고 싶었달까? 그래서 서울로 돌아간다는 일도 단순한 복귀로 남겨두고 싶지 않았다. 제네바에서의 시간을 내 방식으로 정리해낸다면 같은 서울이라 해도 전과는 전혀 다른 삶을 살아갈 수 있을 것만 같았다.

앞에서 말했듯 한국에서의 삶을 다시 이어가더라도 유효한 것들에 투자하기로 마음먹은 뒤 가장 먼저 도전한 과제는 언어였다. 그것도 교재에 나와 있는 이론적인 언어가 아닌 현지인들이 일상에서 쓰는 언어. 혼자 카페에 앉아 옆 테이블의 사람들의 대화를 엿들으며 그들이 실제로 쓰는 '진짜 언어'가 무엇인지 학습했다. 필요하다면 친구들에게 직접 묻기도 했다.

"이런 단어 쓰면 현지인 같아? 아니, 적어도 관광객처럼 보이진 않겠지?"

그렇게 DELF B1 수준에 도달해 일상 속 대화에는 큰 어려움이 없다고 판단되었을 때 또 다른 난관에 부딪혔다. 그건 바로 언어만으로는 결코 해결되지 않는 또 다른 장벽이었다. 막상 현지인들의 생활 속으로 한 걸음 들어가면, 언어의 의미는 단어가 아니라 맥락 속에서 움직이고 있었다. 카페에서 주문할 때 건네는 짧은 한마디 속에도 그들의 문화적 배경과 암묵적인 사회적 규칙이 스며들어 있었고, 친구들끼리 주고받는 유머와 농담은 단어 뜻만 안다고 해서 이해할 수 있는 것이 아니었다. 오히려 말보다 더 큰 비중을 차지하는 것은 말투, 몸짓, 그리고 서로 간의 거리감을 조절하는 방식이었다.

나는 그때서야 깨달았다. 새로운 사회에 스며든다는 것은 언어 시험 점수로만 증명할 수 있는 것이 아니라, 그 사회가 공유하는 매너와 태도를 몸에 새기는 일이기도 하다는 것을.

크리스마스 시즌을 맞아 우리 집에 친구 몇 명을 초대해 소소한 파티를 열기로 했다. 멤버는 한국·프랑스·스위스 친구로 구성되어 있었는데, 흥미롭게도 약속 시간에 대한 각자의 개념이 전혀 달랐다. 파티 시작 시간을 저녁 7시로 공지했는데, 한국 친구는 10분 전인 6시 50분에 도착했고, 스위스 친구는 딱 정각인 7시에 벨을 눌렀다. 반면 프랑스 친구는 10분 늦은 7시 10분에 나타났다. 놀라웠던 건 세 사람 모두 자신이 도착한 시간에 대해 어떤 설명이나 사과, 혹은 변명도 덧붙이지 않았다는 점이었다. "내가 너무 일찍 왔지?", "좀 도와줄 걸 그랬나?", "늦어서 미안해" 같은 말 한마디 없이.

우리나라에서 약속 시간은 곧 신뢰의 척도다. 7시에 만나기로 했다면 최소한 5분 전쯤 도착해 기다리는 것이 상대에 대한 예의로 여겨진다. 단순히 늦지 않는 것을 넘어, 조금 일찍 도착하는 것까지도 성실함과 배려의 표현이 된다. '상대를 기다리게 하지 않는 것'이 곧 존중이라는 인식이 사회 전반에 깊게 자리 잡고 있기 때문이다.

프랑스는 이와 다르다. 공식적인 자리, 이를테면 회사 면접이나 회의와 같은 상황에서는 한국과 마찬가지로 정확한 시간 준수가 필수지만, 사적인 모임에서는 오히려 5~10분 늦는 것이 자연스러운 일로 받아들여진다. 특히 누군가의 집에 초대받았을 때 너무 일찍 도착하는 것은 준비 중인 호스트를 곤란하게 만드는 일로 여겨져, 약간의 지연이 일종의 '에티켓'처럼 작동하기도 한다. 이런 문화적 차이를 알지 못했을 때에는 프랑스 친구들이 아무런 사전 메시지 없이 10분쯤 늦게 도착하는 모습을 보며 '왜 미안하다는 말을 하지 않을까?' 하는 의문이 들었다. 나와의 약속을 중요하게 생각하지 않는 건지, 아니면 나를 존중하지 않는 태도인지 헷갈리기도 했다.

물론 반대의 경우도 같다. 내가 약속 시간에 조금 늦더라도 그들은 왜 늦었느냐고 묻거나 사과를 기대하지 않는다. '뭐, 그럴 수도 있지' 하며 대수롭지 않게 웃어넘긴다. 그렇게 여러 번의 만남을 거치며 자연스레 깨달았다. 프렌치 문화가 중심인 이곳에서는 '시간을 지킨다'는 것이 칼같이 맞추는 정시 개념이 아니라, 상대의 사정과 상황을 배려하는 일종의 유연함에 더 가깝다는 것을.

흥미로운 점은, 같은 프랑스어를 사용하면서도 스위스에서는 그 감각이 전혀 다르게 흘러간다는 것이다. 스위스 사람들은 언어만큼은 프랑스와 공유하지만, 시간에 대한 태도는 오히려 독일식에 가깝다. 약속에 늦는 것은 단순한 실수가 아니라 신뢰를 깨뜨리는 행위로 여겨지고, 실제로 '정확함'은 이 나라의 미덕처럼 작동한다. 기차가 초 단위로 제시간에 출발하는 나라답게, 일상의 모든 영역에서 철저한 시간 준수가 몸에 배어 있다. 친구들과의 사적인 약속조차도 '살짝' 늦는 것은 허용되지 않는다. '정시'에 맞춰 도착하는 것이 기본값이다.

언어를 익혀 대화할 수 있게 된 뒤에도, 이런 보이지 않는 차이 때문에 그 사회에 자연스럽게 스며드는 일은 쉽지 않았다. 일상 속에서 은근히 드러나는 말투와 몸짓, 그리고 프랑스식 예절과 매너에는 생각보다 더 섬세한 배움이 필요했다. 그때, 새로운 배움에 대한 갈증이 시작되었다. 그리고 마음속으로 다짐했다.

'나를 전혀 모르는 사람들에게도 자연스럽고 세련된 태도로 다가가야겠다. 국적과 배경을 초월해 서로를 존중하는 에티켓을 배우자.'

그렇게 선택한 것이 바로 스위스의 피니싱스쿨 Finishing school 이었다.

피니싱스쿨이란 원래 19세기 유럽 상류사회에서 젊은 여성들이 사회에 나가기 전에 품격 있는 삶의 기술을 배우던 곳에서 출발했다. 단순한 지식이나 학문이 아니라, 교양과 사교, 언어와 태도를 세련되게 다듬는 공간이었다. 특히 스위스는 중립국이라는 특수한 위치 덕분에 세계 각지에서 모인 사람들이 교차하며 국제적 감각을 배울 수 있는 최적의 무대가 되었다. 그래서 스위스의 피니싱스쿨은 지금까지도 '세계 어디에서든 통하는 에티켓과 품격'을 배우는 곳으로 명성을 이어가고 있다.

우리나라에도 비슷한 개념의 기관은 있었다. 흔히 '예절학교'라 불리거나, 결혼을 앞둔 여성들이 준비 과정에서 받던 '신부수업' 같은 형태였다. 다만 그것은 대부분 집단 안에서 조화를 이루고, 정해진 규칙을 따르는 방식에 가까웠다. 엄마 역시 어릴 적부터 이런 교육에 관심이 많으셨다. 그래서 마땅한 기관이 없던 시절, 직접 나를 가르치기도 했다. 식탁에서 수저를 놓는 법, 어른에게 인사하는 법, 손님을 맞는 태도 같은 것들 말이다.

그때 배웠던 건 지금 돌이켜보면 참 사소해 보이기도 한다. 올바르게 걷는 법, 자리에 앉을 때의 자세, 테이블 위에서 호감을 주는 대화법 같은 것들. 그러나 그 작은 습관들이야말로 품위를 지탱하는 바탕이었다. 아무리 좋은 옷을 입어도 걷는 법이 바르지 않으면 우아함은 쉽게 무너지고, 말솜씨가 아무리 좋아도 식사 자리에서의 태도가 엉성하면 인상 전체가 흐트러진다. 결국 매너는 눈에 띄지 않게 배어 나오되, 사람의 품격을 가늠하게 하는 가장 분명한 언어였다. 그 덕분에 나는 매너라는 것이 단순히 형식이 아니라 타인을 배려하는 방식이라는 점을 일찍부터 자연스럽게 익힐 수 있었다

이런 배경이 있었기에 스위스의 피니싱스쿨에 마음이 끌렸다. 익숙한 동양의 예절과는 전혀 다른, 훨씬 더 유연하고 개성을 존중하는 세계의 매너를 배우고 싶었던 것이다. 동양적 예절은 집단과 질서를 중시하고, 대체로 '정답'이 있는 방식으로 굳어져 있다면, 유럽식 매너는 훨씬 유연하고 개인의 개성을 존중하는 방향으로 흐른다.

그 차이를 몸으로 배우고 싶었다. 단순히 포크와 나이프를 어떻게 잡는지, 와인을 언제 따르는지 같은 기술이 아니었다. 상대의 문화와 습관을 이해하고, 그 사람을 편안하게 하는 방식으로 나를 조율하는 법이었다. 언어보다 먼저 나를 소개하는 방식이었고, 서로 다른 배경을 가진 사람들 사이에서 부드럽게 자신을 드러내는 방법이었다. 매너는 언제나 말을 대신해 나를 설명했고 어색함을 줄이며 새로운 관계를 여는 열쇠가 되어줬다. 이방인으로서 나는 늘 서툴게 스스로를 증명하고 정의내려야 했지만, 매너는 그 빈틈을 자연스럽게 메워주었다. 내가 먼저 상대의 문화를 존중하는 태도를 보이면 그들은 나의 다름을 경계하기보다 호기심을 갖고 받아들였다.

'전 세계 어디를 가도, 처음 만나는 사람에게도 친근하면서도 품위 있게 다가가는 사람.'

그게 내가 되고 싶은 모습이었다. 이것이 제네바에서의 삶을 조금 더 나답게, 그러나 더 넓게 살아가게 해준 시작점이었다.

상대와 나 사이에
거리를 두는 사과법

작년 봄, 영국의 매너 문화에 대해 공부하러 런던에 머물렀을 때의 경험이다. 런던 중심가에서 생활하며 그들을 지켜보는 나 또한 하루에도 몇 번씩이나 "Excuse me", "I am sorry", "I apologize"라는 사과의 말들을 듣곤 했다.

'이들은 왜 이렇게 미안하다는 말을 자주 하는 거지? 매너의 나라라고 알려진 나라라서? 과연 그들은 어떤 감정을 느껴서 미안하다는 말을 습관처럼 사용하는 걸까? 그렇다면 얼마나 미안한 마음을 느껴야 미안하다고 말하는 걸까? 필요 이상으로 잘못하지 않은 일에 대해서도 미안하다고 말할까? 만약 그렇다면 그건 오히려 자신을 지키는 데 방해가 되는 건 아닌가?'

이런 여러 궁금증이 머릿속에 쏟아졌다. 친구에게 물어보니 그들은 하루에 평균 여덟 번 이상 사과를 뜻하는 표현을 사용하며, 여덟 명 중 한 명은 하루에 최대 스무 번 '미안하다'라는 말을 사용한다고 했다.

사과할 일이 있다면 하지 않는 것보다 하는 것이 당연히 낫다. 그리고 적절하게 사과할 줄 아는 사람이 매너 있는 사람으로 평가받는다. 그렇다, 핵심은 '적절하게'다. 그러나 사과를 지나치게 사용하거나 굳이 필요하지 않은 상황에서도 반복한다면, 남의 눈치를 지나치게 살피거나 스스로를 방어할 힘이 없는 사람처럼 보일 수도 있다. 그래서 나는 사과의 말에는 어떤 종류가 있는지 알아보기로 했다.

1) "Excuse me"
상대방에게 양해를 구하는 태도의 사과에 해당된다. 길거리에서 상대방에게 잠시 옆으로 비켜 달라 하며 앞질러 지나갈 때라든지, 옆 테이블의 빈 의자를 가져올 때 사용할 수 있는 표현이다. 불어로는 "Pardon"으로, 제네바에서도 이러한 상황에서 자주 쓰인다. 상대방의 주의를 잠시 끄는 것에 대한 예의를 표시하는, 일종의 기본적인 매너에 해당된다.

우리말로는 "실례합니다"에 가장 가깝다.

2) "I am sorry"

자신의 실수로 인해 상대방의 감정을 일시적으로 상하게 하거나 가벼운 불편을 끼쳤을 때 사용하는 표현이다. 예를 들어 지하철이나 버스에서 누군가와 부딪혔을 때, 약속된 일정을 바꿔 상대의 계획에 영향을 주었을 때, 혹은 약속 시간에 조금 늦었을 때 쓸 수 있다. 우리말의 "미안합니다"에 해당된다.

3) "I apologize"

가벼운 실수보다 더 높은 단계의 사과로, 자신의 행동을 반성함과 동시에 그로 인해 발생한 피해에 대해 책임을 언급해야 할 때 사용된다. 예를 들어 상대의 옷에 음료를 쏟아 세탁비를 물어야 하거나, 빌린 물건을 잃어버렸을 때처럼 단순한 말 한마디로는 해결되지 않는 상황에서 쓰인다. 우리말의 "죄송합니다"에 해당하며, 가능하다면 한 번으로 끝내지 않고 처음과 마지막, 두 번 이상 언급해 진심을 전하는 것이 좋다.

다시 말하자면, 첫 번째와 두 번째 경우에는 굳이 두 번 이상 사과할 필요는 없다. 물론 이것이 절대적인 공식은 아니다. 언제나 적절한 표현은 상황의 맥락 속에서 판단되어야 하며, 말뿐 아니라 표정이나 목소리의 톤 같은 비언어적 요소들도 함께 작용한다. 따라서 우리가 해야 할 일은 이 세 가지 사과 표현의 용도 차이를 인식하고, 상황에 맞게 사용할 수 있는 습관을 들이는 것이다. "실례합니다", "미안합니다", "죄송합니다"를 각각 어떤 맥락에서 써야 하는지 스스로 정의해보자. 만약 그 구분이 명확하지 않다면, 차라리 한 단계 높여 사과의 태도를 보이는 편이 낫다.

또 하나 말하고 싶은 것은 '반복'이다. 데이터가 쌓일수록 선택은 점점 더 명확하고 정확해진다. 어느 영역에서든 결국 핵심은 '경험과 성찰', 다시 말해 '시행착오'다. 현지에서 외국어를 배우며 가장 크게 체감한 것도 이것이었다. 잘 안되던 발음도 백 번쯤 연습하면 어느 순간 그럴듯하게 들리고, 바로 입 밖에 나오지 않던 문장도 스무 번쯤 억지로 상황에 맞춰 쓰다보면 반응 속도가 눈에 띄게 빨라진다. 그러니 스스로의 사과가 어딘가 어색하고 덜 쿨했다고 해서 자책할 필요는 없다. 다음번엔 조금 더 자연스러워질 것이다. 모든 경험은 결국 '다음'을 위한 연습이니까.

　나아가, 누군가의 사과를 받는 일조차도 나를 지키는 방식 중 하나라는 생각이 든다. 지난가을, 잠시 서울에 머물렀을 때의 일이다. 백화점 푸드코트에서 혼자 식사를 하고 있었는데, 내 앞에는 두 개의 테이블이 나란히 놓여 있었고 각각의 테이블엔 여성들이 식사를 하고 있었다. 테이블 간 간격이 제법 가까워 서로의 움직임이 자연스레 의식될 정도였다. 그러던 중, 두 명이 앉아 있던 테이블의 한 여성이 자리에서 일어서다 실수로 옆 테이블의 물컵을 건드렸다. 그 물이 옆자리 여자의 음식 위로, 그리고 그녀의 샌들 위로 쏟아졌다. 여자는 놀란 표정으로 연신 "죄송해요"를 되풀이하며, 자신의 일행이 건넨 티슈로 얼룩진 자리를 닦았다. 상대에게도 티슈를 건네며 미안함을 전하는 모습은 얼핏 보기엔 충분히 성의 있는 사과처럼 보였다.

　그 상황에서 내 시선을 끈 것은 오히려 물을 맞은 여자의 태도였다. 그녀 역시 순간적으로 당황한 기색이었지만, 이상하게도 자리를 수습하려 더 애쓰는 쪽은 그녀였다. 물을 쏟은 여자가 테이블을 닦자, 그녀도 함께 허리를 굽혀 닦기 시작했고 "아, 괜찮아요. 제가 닦을게요"라고 말했다. 그리고 건넨 티슈를 받으며 "감사합니다"라는 말까지 덧붙였다. 그 말이 잘못되었다는 뜻은 아니다. 어쩌면 그녀는 정말로 괜찮았을지도 모른다. 그 샌들이 비싼 것이든, 음식이 엎질러졌든, 별로 마음에 두지 않는 사람이었을 수도 있다.

그럼에도 불구하고 나는 이런 생각이 들었다. 꼭 그렇게까지 괜찮은 사람이 되어야만 했을까. 누군가의 실수 앞에서도 "괜찮아요"라고 먼저 말하고, "제가 닦을게요"라며 나서주는 태도는 어쩌면 자신의 불편함을 뒤로 미루는 습관처럼 보였다. 왜 우리는 사과를 받는 자리에서도 '상대가 미안해 할까봐' 오히려 그 마음을 배려해야 할까. 그건 정말 배려일까, 아니면 내가 더 불편해지지 않기 위해 감정을 눌러두는 또 다른 방식일까.

내가 상상해보는 또 다른 가능성은 이렇다. 물이 쏟아진 그 순간, 굳이 억지 미소를 지을 필요는 없었을 것이다. "티슈 좀 부탁드릴게요. 음식도 다시 주문해주시면 좋겠어요"라고, 감정을 숨기지 않되 예의를 잃지 않는 방식으로 말할 수도 있었다. 혹은 "괜찮아요. 하지만 이건 새 신발이라 조금

속상하네요"라며 웃음 속에 진심을 담는 방법도 있었을 것이다.

이 이야기를 꺼내는 이유는, 나 역시 언젠가 그렇게 애써 '괜찮다'고 말했던 사람이기 때문이다. 그리고 그 뒤에는 늘 설명하기 어려운 서운함이 오래 남았다. '무례함'을 경계하느라 정작 나 자신에게는 예의 없게 굴었던 것이다. 누군가의 사과를 받아들이는 우리의 태도는, 결국 우리가 자신을 어떻게 대하는지를 드러낸다. 모든 감정을 내보이라는 말이 아니다. 다만 불편했다면, 그 감정을 잠시라도 정면으로 마주해보자는 말이다.

비슷한 일이 있었다면 그런 순간들을 하나씩 적어보면 어떨까. 내가 불편했지만 그냥 웃고 넘긴 일들. 그리고 다음에 그런 일이 또 온다면, 조금 더 내 마음이 편해지는 쪽으로 반응해보기로 하자. 처음에는 서툴러도 괜찮다. 마음이 기억할 것이다. 세상이 요구하는 친절보다, 당신 마음이 원하는 온도에 맞춰 살아도 괜찮다. 너무 착해 보이지 않아도 된다.

자기확신이 만들어내는
프렌치 시크

유럽에서 1년 가까이 살아보며 확신한 것이 있다. 이곳 여성들을 한 문장으로 정의하자면, '그녀들은 언제나 자연스럽다'. 모르는 이가 다가와 말을 걸어도 당황하지 않고, 거절하기 어려운 부탁을 받았을 때도 자신이 원치 않는다면 부드럽지만 단호하게, 예의 바르면서도 분명하게 선을 그을 줄 안다. 감정을 표현하는 데에도 주저함이 없다.

내가 자주 가는 공유오피스의 카페 직원 미아는 "좋아요"라는 말 대신 오른쪽 눈을 윙크하는 것으로 대신하곤 한다. 며칠 전, 함께 와인을 마신 소냐에게 "오늘 네 레드 립스틱, 여기 분위기랑 너무 잘 어울린다"라고 말했더니 그녀는 새초롬한 표정을 지으며 어깨를 살짝 으쓱하고는 말했다.

"프랑스 여자에겐 샤넬 립스틱이지."

위트 섞인 그 말 뒤로, 그녀는 자연스럽게 감사 인사를 건넸다. 여기서 살짝 다른 이야기지만, 이곳 여자들에게 배운 것 중에서 하나는 '직설적으로 말하지 않는 기술'이다. 프랑스 영화나 드라마를 보면 그들의 평범한 대화에서도 일종의 연출력이 느껴진다. 말하자면 티키타카의 미학, 일상의 유혹이랄까.

그녀들의 이런 자연스러움은 어디서 비롯된 걸까? 핵심은 남의 눈치를 보지 않는다는 점이다. 남이 자신을 어떻게 생각할지 지나치게 신경 쓰지 않는다. 다시 말하면, 남의 평가가 자신의 기분에 영향을 미치지 않는다는 것이다. 프랑스 사람들의 일상적인 모습을 보여주는 한 드라마에서 어느 미국인이 프랑스인에게 '자신이 한 말로 기분이 나빴다면 미안하다'고 사과를 했지만 그는 이렇게 말했다.

"오, 난 그런 걸로 기분 나쁘지 않아요."

물론 알고 있다. 한국과 프랑스, 혹은 미국과 영국과 같은 서구권의 문화는 모두 서로 다르다는 것을. 하지만 국적을 불문하고 자기계발 서적, 관계를 다루는 심리학 서적들을 들여다보면 하나의 공통점이 눈에 띈다. '매력적인 여자'란 결국 남의 눈치를 보지 않는 여자라는 것.

실제로 어디를 가도 남들에게 도움을 잘 받아내고 원하는 것을 잘 얻어내는 여자들이 있다. 남자친구나 남편에게만 그런 것이 아니다. 그들을 유심히 보면 사람들로 하여금 '주고 싶게 만드는' 기운이 있다. 어떤 이에게 부탁을 해도 억지스러워 보이지 않고 거절을 당해도 민망하지 않으며, 무엇보다 그 부탁을 받는 사람이 오히려 기쁜 마음으로 '그래, 해줄게' 하고 싶게끔 만드는 태도가 있다. 중요한 건, 이게 '빼앗음'이 아니라는 점이다.

받기 위해선, 먼저 상대방이 '줄 수 있는 사람'인지를 생각해야 한다. 퇴근길에 나를 데리러 와주면 좋겠다고 말할 수 있는 것은 상대에게 차가 있을 때만 가능하다. 전문 지식, 언어 능력, 정서적 여유 등 '내가 바라는 것'을 누군가에게 기대하고자 한다면, 그 능력이 있는 사람인지부터 살펴보는 것이 우선이다. 안 되는 사람을 붙잡고 "왜 안 해줘?"라고 하는 것은 결국 스스로를 지치게 하는 일일 뿐이니까. 너무 당연한 사실임에도 현실에서는 꽤 자주 보게 되는 장면이다.

그녀들은 부탁할 때 죄책감을 크게 느끼지 않는다. 왜냐하면 상대가 어렵다면 단호하게 "그건 어려워"라고 말할 것이라 믿기 때문이다. 그리고 실제로 자신 역시 누군가에게 부담스러운 요청을 받으면 "그건 좀 힘들겠어"라고 말할 수 있다. 이렇듯 거절이 가능한 세계에서는 부탁도 자유롭다. 반면 많은 한국 여성들은 아직도 '말을 꺼내기도 전에 미안함'을 먼저 느낀다. 상대가 아직 대답하지도 않았는데 스스로 마음의 빚부터 진다. 그것은 결코 건강한 상호작용이 아니다.

지난겨울, 프랑스 친구들과 몽블랑으로 스키 여행을 갔다. 정말 오랜만이라 초급 슬로프에서 단 두 번 연습한 뒤 곧바로 중급 코스로 올라갔다. 친구들은 내게 운동 신경이 좋다며, 역시 전공자라 다르다고 칭찬했지만 솔직히 말하자면 빠르게 적응할 수 있던 이유는 신체적 감각이 아니라 두려움이 없기 때문이었다.

다칠 것 같아 망설이기보다는 한 번쯤은 넘어져도 괜찮다는 마음. 인간관계도 마찬가지다. 거절이 두려우면 부탁도, 관계도, 변화도 어렵다. 그러니 넘어지는 연습부터 시작하면 된다. 오히려 한 번도 가볍게 넘어져본 적이 없어서 더 크게 다치는 경우가 많다. 다양한 스포츠에서 그런 경험, 익숙하지 않은가? 스키를 처음 타는 사람에게 "일단 넘어져봐야 익혀요"라며 중급 슬로프 꼭대기로 밀어 올리진 않는다. 당신도 마찬가지다. 가능한 작은 일부터, '거절당해보는' 연습을 해보자.

팜므파탈Femme fatale. 프랑스어로 'Femme'는 여성, 'Fatale'은 치명적이라는 뜻이다. 말 그대로 '치명적인 여자'라는 의미다. 그런데 '치명적이다'라는 표현은 어디서 비롯된 걸까? 한 남자가 "그녀가 너무 착해서 미칠 것 같아!"라고 말하지는 않는다. 그 대신 "저 여자는 내 뜻대로 되지 않아. 그래서 갖고 싶어 미치겠어"라고 말할 때, 비로소 '치명적'이라는 단어가 완성된다. 결국 매력은 착함에서 나오지 않는다. 알 것 같으면서도 모를 '신비감', 가까워졌다고 생각했지만 문득 느껴지는 '거리감', 그리고 흔들리지 않는 '자기 확신'에서 비롯되는 것이다.

그러니 할 말은 하자. 단, 두 가지 원칙을 전제로. 첫째, 그렇게 말할 이유와 논리에 대해 스스로 납득할 수 있어야 한다. 둘째, 내 말을 들은 상대가 나를 싫어할까 봐 걱정하지 않는다.

내 경험으로는, 그런 말을 했다고 해서 남자들이 나를 덜 좋아한 적은 없었다. 오히려 더 쫓았다. 혹시 연락이 끊긴다면? 쿨하게 손 한 번 흔들고, 내 갈 길 가면 그만이다. 그것이 바로 정신적 자유의 시작이다. 좋아하는 사람에게 기꺼이 무언가를 베푸는 것과, 그 사람이 떠날까 봐 좋은 평가를 받기 위해 내 존엄을 희생하는 것은 완전히 다른 일이다. 필요하다면 논쟁도 마다하지 말자. 가능하다면, 어릴 때일수록 더 좋고.

자신과 다른 생각을 두려워하지 않고, 남의 비난에도 흔들리지 않는 여자들이 결국 자신의 인생을 가장 자신 있게 살아간다. 이것이 전 세계의 여자들이 프렌치 시크를 동경하는 이유가 아닐까?

취향은
가장 조용한 문화자본이다

'취향Taste'이란 무엇일까. 어원을 살펴보면 '맛보다'라는 의미의 라틴어 테스타레Tastare에서 비롯되었다. 이 기원과 마찬가지로, 영어사전에서도 'Taste'의 첫 번째와 두 번째 정의는 다음과 같다.

1. 어떤 물질이 입이나 목에 닿았을 때 느껴지는 맛의 감각
2. 특정한 맛에 대한 개인의 선호

그러나 우리가 여기서 다루고자 하는 '취향'은 음식의 맛과는 관련이 없다. 보다 정확히 말하자면, '개인이 선호하는 미적 감각 혹은 확고한 스타일'이라고 할 수 있다. 이런 취향은 단순히 개인의 만족감에 머물지 않는다. 타인에게 드러나

면서 당신을 구별 짓는 표지가 되고, 그 결과 사회적 이미지와 계급을 형성하는 하나의 장치로 작동한다. 다시 말해, 취향은 당신이 속한 집단 사이의 경계를 부드럽게 이동시키며, 그 안에서의 지위를 미묘하게 바꿔놓는다. 상징적인 방식으로, 은근하고 자연스럽게.

칸트는 근대 미학에서 취향을 이렇게 정의했다.

취향이란 감각의 본능적 반응이 아니라, 아름다움을 느낄 수 있는 기술이자 아름다움을 지향하는 경향이다.

그러나 부르디외는 20세기에 또 다른 차원의 접근법을 제시한다. 그는 취향을 개인의 문제로 한정하지 않고, 집단과 사회 계층의 문제로 확장했다. 사회적 지위에 따라 어린 시절의 가정교육과 학교에서의 교수 방식이 달라지고, 그 결과로 내면화된 사고방식과 행동양식(아비투스) 또한 달라진다는 것이다. 이렇게 형성된 차이는 집단 간 경쟁을 통해 '취향의 구분'을 만들어내며, 결국 '고급 취향'이나 '좋은 취향'이라 불리는 것들은 사회적으로 우위를 점한 계층이 가진 특징적 취향일 뿐이라고 그는 보았다.

"자, 이제 당신이 얼마나 좋은 가정교육을 받았고, 그동안 엘리트 집단 속에서 소외되지 않고 조화롭게 어울려온 사람인지를 한번 몸으로 증명해보세요."

아무도 이렇게 직접 말하진 않는다. 그렇다고 해서 그런 능력을 증명할 '자격증'을 들고 다니는 것도 아니다. 물론 언제나 대체재는 존재한다. 이를 대신해 사회가 묻는 건 결국 '어디 출신인가'이다. 부유층이 주로 거주하는 동네에서 자랐는지, 혹은 입학 경쟁이 치열한 명문 대학을 나왔는지 같은 배경이 그 증거로 작동한다.

하지만 그런 것들은 여기서 다룰 주제가 아니다. 배경을 드러내지 않아도 되는 상황에서 오히려 무기가 될 수 있는 것이 있다. 바로 '에티켓'이다. 취향, 매너, 예의범절이라고도 부르는 바로 그것이다. 무엇이 좋고 나쁜지를 구분할 줄 아는 선택적 안목, 때와 장소에 맞는 적절한 말과 행동이 가능한 상태, 나를 존중하고 스스로를 차별화하는 개인적 차원을 넘어 타인을 배려할 수 있는 공동체적 이타심까지. 이것들이 곧 에티켓의 핵심이다.

이 주제를 선택한 이유는 단순하다. 우리가 가장 쉽게, 바로 바꿀 수 있는 부분이기 때문이다. 흔히들 이렇게 말하지 않는가.

"가정교육이 잘 된 사람은 사소한 태도부터 다르다."
"부자들은 고급스러운 장소에 가도 어색하지 않고 자연스럽게 행동한다."

가정교육을 잘 받자는 이야기가 아니다. 돈을 많이 벌어서 상류층이 되자는 것도 아니다. 그저 일상에서 조금만 더 신경을 쓰고 노력하면 남다른 '차이'를 만들어낼 수 있다는 말을 하고 싶은 것이다. 늦었지만 지금이라도 제대로 배워보자는 것이다. 이제부터 구체적인 예를 들어보겠다.

당신은 친구와 오후 1시에 만나기로 약속했는데 친구가 10분이 넘어도 오지 않는 것이다. 소식이 궁금한 당신은 친구에게 문자로 어디인지 묻는데 친구는 그제야 '지금 거의 다 왔어'라는 짧은 메시지로 답하고 도착해서도 미안하단 말은커녕 기색조차 보이지 않는다. 음식점에서 밥을 먹고 있는 당신, 옆자리에 앉은 테이블의 한 사람이 종업원에게 반말로 주문을 하고 있다. 이 모습은 다른 사람에게 어떻게 비춰질까?

퇴근길 지하철에 몸을 싣고 가는 당신, 조금이라도 빨리 지하철에 타고 싶지만 승차장에는 이미 수많은 사람이 줄을 선 채 열차를 기다리고 있다. 그때, 막 도착한 한 사람이 문이 열리는 순간에 맞춰 사람들 사이를 비집고 가장 먼저 들어가 비어 있는 한 자리를 차지해 털썩 앉았고 앉자마자 누군가에게 전화를 걸어 10분이 넘게 큰 소리로 통화를 이어가고 있다.

우리는 이런 사람들을 보고 '매너가 없다', '공공 에티켓에 대한 개념이 부족하다'고 표현할 수 있을 것이다. 아니, 어쩌면 이것은 기본 상식에 불과할 수도 있다. 그렇기에 우리는 한 단계 더 높은 수준의 매너와 에티켓에 대해 알아갈 것이다. 다시 상황을 가정해보겠다.

당신은 중요한 클라이언트와 카페에서 미팅을 갖기로 하였고, 당신은 클라이언트보다 일찍 도착하였다. 이때 당신은 카페 안에서 어디에 위치한 테이블에 앉아 있을 것이며, 상대방을 어느 쪽에 앉도록 자리를 비워둘 것인가? 음료는 먼저 시켜둘 것인가, 아니면 본인 것만 시켜둘 것인가? 계산은 어떤 방식으로 하는 것이 센스 있는 것일까? 클라이언트가 도착했을 때는 어떤 제스처를 취하고, 명함은 어떻게 건네줘야 하며, 스몰 토크는 어느 선까지가 적절한 것일까?

와인 모임에서 활동하고 있는 당신. 시간이 맞는 동호회 사람들과 함께 꽤 근사한 프렌치 레스토랑에서 저녁 식사를 하기로 했다. 모두 동일한 코스를 주문했고, 전채요리인 앙트레_Entrée_부터 하나씩 나오고 있었다. 그런데 아뿔싸, 테이블에 놓인 커틀러리 중 어떤 포크와 나이프를 사용해야 하는지 모르겠다. 가장 작은 것을 쓰면 되는 걸까? 샐러드에 있는 크기가 큰 양상추는 나이프로 잘라 먹어도 되는 걸까? 공동으로 놓인 바게트는 손으로 집어가도 될까? 바게트는 손으로 잘라도 되는 걸까, 아니면 나이프로 잘라야 하는 걸까? 앙트레를 다 먹은 다음, 사용한 포크와 나이프는 접시 위에 올려두는 걸까, 아니면 제자리에 두는 게 맞을까?

다이닝 식사를 마친 후 집에 가려는데, 당신이 마음에 두고 있던 한 남성이 자신과 같은 방향이라며 집까지 바래다

주겠다고 말한다. 당신은 감사의 인사를 전하며 승낙했고, 약 30분 동안 함께 드라이브를 하게 되었다. 즐거운 대화를 이어가던 중 문득 침묵이 찾아온다. 이때 당신은 어떻게 할 것인가? 새로운 화제를 던져 밝고 쾌활한 이미지를 이어갈 것인가, 아니면 그 침묵마저 자연스럽게 받아들이며 당신만의 여유와 무게감을 지킬 것인가?

집 앞에 도착했다. 상대 남성이 문을 열어주겠다며 잠시 기다리라고 한 뒤 차에서 내려 조수석 쪽으로 다가온다. 이때, 치마를 입은 당신은 어떻게 차에서 내릴 것인가? 한쪽 다리부터 바닥에 내려놓을까, 양쪽 다리를 동시에 꺼낼까, 아니면 상체와 함께 자연스럽게 움직일까.

모두 쉽지 않은 질문들이다. 그리고 이 질문에 대한 정답은, 물론 없다. 비슷한 방향을 가리킬 수는 있겠지만 답은 상대와의 관계, 상황, 분위기에 따라 수백, 수천 가지가 될 수 있다. 중요한 것은 그 순간의 공기를 깨뜨리지 않으면서도 자신을 불리한 위치에 두지 않는, 즉 셀프 호구가 되지 않는 감각을 익히는 일이다. 나는 잘 단련된 취향이 바로 그런 본능적 감각을 키워주는 힘이라고 믿는다.

그러므로 자신의 취향이 분명하다면, 어떤 선택을 할 때마다 정보를 찾고 비교하는 데 쓰이는 시간과 에너지가 줄어들 것이다. 그만큼 시행착오의 가능성도 낮아진다. 취향이 비슷한 사람들, 익숙한 환경에 머무르면 굳이 자신의 행동을 길게 설명할 필요도 없다. 생각을 털어놓을 때에도 눈치를 보지 않아도 된다. 불편함이 줄어든다. 무엇보다 중요한 건, 내가 무엇을 좋아하고 무엇을 싫어하는지, 어떤 물건과 서비스와 경험이 나에게 가장 큰 만족을 주는지를 알고 그에 맞는 결정을 내리는 일이다. 그 선택의 과정 자체가 이미 '아름다운 삶'의 한 방식이다.

반드시 한강이 훤히 내려다보이는 50평짜리 강남 아파트에서 대리석 바닥을 유유히 걸으며 에르메스 그릇으로 식기장을 가득 채워야만 아름다운 삶이라고 할 수는 없다. 방 안에 뿌리는 룸 스프레이의 향이 당신의 호흡을 편안하게 해주고 잔잔하게 깔린 BGM이 어느새 흥얼거림을 이끌어내며 거실 한가운데 걸어둔 그림이 삶의 영감을 불러일으킨다면, 그것만으로도 충분히 아름답다. 매일의 일상 속에서 스스로를 아끼고 대접하며 자신을 가꾸는 그 태도 자체가 진정한 아름다움의 형태다.

지금까지의 이야기가 기본적이고 필수적인 차원이었다면, 이제 한 걸음 더 나아가 생각해보자. 우리의 취향은 단순한 개인적 성향이 아니라 '상징자본'의 한 형태다. 즉, 취향은 사회적 지위를 반영하는 일종의 지표이자, 배움을 통해 계산되고 연출될 수 있는 문화적 자본이다. 그렇기에 당신은 스스로의 취향을 단련함으로써 자신이 속한 계층과 환경을 '어느 정도' 조정할 수 있다.

즉, 매너와 에티켓을 익혀 체화시킨다면 그것은 자연스레 사회적 위치를 반영하는 하나의 지표로 활용될 것이고, 자본 간 교환이 가능하다는 부르디외의 주장에 따라 문화자본 이외의 사회자본, 나아가 경제자본의 전환으로도 이어질 수 있다. 여기서 문화자본이란 당신의 출신 배경, 학위 및 자격증, 소유 중인 명품 등과는 무관한 '체화된 문화자본'이라는 것을 잊지 말자.

'끼리끼리는 사이언스'라는 말이 한때 유행이었다. 표현만 조금 달라졌을 뿐, 결국은 오래전부터 전해내려온 진리다. '유유상종類類相從'이라는 한자어, 'Birds of a feather flock together'라는 영어 속담을 떠올려보면, 나와 비슷한 생각과 배경을 가진 사람들과 어울리고자 하는 것은 전 세계 어디서나 통하는 자연스러운 현상이다.

당신도 그렇지 않은가? 한두 번쯤은 나와 다른 생각을 가진 사람들과 시간을 보내며 호기심을 채우거나 새로운 영감을 얻을 수 있다. 하지만 오래도록 가까운 관계를 맺어야 하는 집단이라면, 자연스럽게 큰 갈등이 생길 가능성이 적은, 나와 비슷한 성향의 사람들을 선택하게 된다. 다시 말해, 낯선 무리 속에서 적응해야 하는 상황이라면 당신은 본능적으로 자신과 가장 잘 맞을 것 같은, 동질성이 높아 보이는 사람에게 먼저 다가갈 것이다. 대학교 OT나 신입사원 연수를 떠올려보자. 혹은 새로운 동호회에 나가게 되었을 때도 마찬가지다.

비슷해 보이는 사람에게 심리적 가까움을 느끼는 이유는? 말이 잘 통하기 때문이다. 말이 잘 통한다는 것은 기본적으로 내가 전하는 메시지에 거부감이 없어야 하며, 오해를 할 확률이 적어야 한다. (나와 다른 의견이 있다면 내 의견에 대한 설득을 타당한 근거로 뒷받침해야 한다.) 나아가 특정 현상을 설명함에 있어 말이 길어질 필요도 없으며, 비슷한 경험을 공유했기에 혹은 사용하는 언어(특정 용어)가 비슷하기에, 대화를 할수록 본인의 생각과 가치에 힘이 더해지는 느낌으로 친밀감과 신뢰감은 더욱 높아져만 간다.

여기서 재밌는 점 하나. 한 집단과 유사성이 높아질수록 반대급부로 또 다른 집단과의 유사성은 낮아질 수밖에 없다. 즉, 취향이란 것은 누군가와는 친밀해지는 역할이 될 수 있지만, 누군가와는 차별화될 수 있는 기제로서의 가치를 갖게 될 수도 있다.

그렇기에 당신이 새로운 사람(아마도 가까이하고 싶은 사람)을 만났을 때 상대방은 당신에 대한 정보가 부족하며, 이에 따른 자연스러운 불안함을 '예측 가능한 사람'이라는 코드를 심어줌으로써 잠재워야 한다. 이 코드가 바로 취향이며, 체화된 매너와 에티켓을 보임으로써 '나와 취향이 비슷하네? 말이 잘 통할 것 같아', '하는 행동들을 보니 나와 비슷한 환경에서 자라온 사람이겠군'과 같은 반응을 이끌어낼 수 있다. 이렇게 당신과 상대방의 접근성은 가까워진다. 굳이 티 나게, 촌스럽게 시각적으로 이것저것 드러낼 필요가 없다. 자연스러운 몇 마디의 말과 행동이면 된다. 어차피 프로는 프로를 알아본다. 말이 길고 설명이 장황할수록 아마추어이다.

결국 취향은 꾸미는 것이 아니라 살아내는 방식이다. 의도하지 않아도 드러나고, 감추려 해도 엿보이며, 침묵 속에서도 말하는 언어다. 그렇기에 우리는 '어떻게 보일까'를 고민하기 전에 '나는 어떤 사람이고 싶은가'를 먼저 물어야 한다. 좋은 취향을 갖는다는 건 곧 좋은 삶의 태도를 갖는 것이며, 매너는 그 취향을 타인과 나누는 세련된 방식이다. 그리고 이 모든 것은 누군가가 나를 평가하기 전에, 내가 나를 존중하는 방식에서 비롯된다. 당신이 어떤 삶을 살아가고 싶은지 알고 있다면, 그에 어울리는 태도를 선택하라. 그것이야말로 삶을 아름답게 만드는 가장 우아한 전략이며 가장 현실적인 출발점이다.

화려한 사치품보다
깊이 있는 기품

유럽에 살게 된 이후부터는 명품에 대한 관심이 줄어들었다. 어떻게든 돈을 모아서 갖고 싶은 비싼 가방이나 옷을 구매하기보다는 그 돈으로 이지젯을 타고 근처 유럽 도시로 훌쩍 떠나버린다. 지금 나를 빛나게 만들어줄 것은, 명품 로고가 선명한 가방을 어깨에 걸치고 왼손 손목에 값비싼 시계를 찬 채 제네바 도심을 오가는 것이 아니다. 프랑스 국민 가방인 롱샴을 대충 들쳐메고 애플 워치로 하루에 얼마나 걸었는지를 확인해가며 서유럽, 동유럽을 지나 아프리카까지 새로운 세상을 탐구하는 일이다. 애지중지 모셔야 하는 물건에 투자하기보단 발전적인 경험에 과감히 돈과 시간을 쏟아부었다.

유럽에 와서 배운, 그리고 한국에 돌아가서도 계속 유지하고 싶은 태도 중 하나는 가급적 명품에 '기대지 말자'는 것이다. 명품을 좋아하지 않는다는 말은 아니다. 제네바 시내에 나가면 롤렉스부터 반클리프 아펠, 쇼파드, 까르띠에, 샤넬까지 부티크 매장이 끝없이 이어지고, 그런 거리를 지날 때면 눈이 휘둥그레지며 나도 모르게 생각하게 된다.

'언제쯤이면 아무렇지 않게 들어가서 살 수 있을까?'

그런 생각이 내게 자극이 되어주기도 했다. 한때는 갖고 싶은 명품을 떠올리며 더욱 열심히 일할 동기를 만들어내기도 했다. 목표가 생기면 집중할 수 있었고, 어떤 긍정적 결과로 해석될 수 있을 때도 분명 있었다. 그런데 여기서 살아보니 그 해석이 바뀌었다. '결국 저 반지를 갖기 위해 인생을 살아간다는 건가?'라는 질문이 나를 멈춰 세웠다. 그렇게까지 간절히 바라던 물건이, 내가 살아가는 방식의 기준점이 되어도 되는 걸까?

명품이 필요할 때도 있다. 그 기능은 부정할 수 없다. 실질적인 품질이나 성능, 이를테면 캐리어라면 더욱 튼튼하다거나, 오디오라면 음질이 좋다거나, 패딩이라면 보온성이 뛰어나다거나 하는 이유처럼 말이다. 게다가 그런 물건은 내게 단순한 기능 이상의 역할도 한다. 그것을 소비하는 내 모습 자체로 타인에게 혹은 특정 사회적 집단에 내 위치를 보여줄 수도 있다. 길을 걷다가, 20만 원짜리 가방을 들고 있는 여성과 1000만 원짜리 가방을 들고 있는 여성을 마주쳤을 때, 우리는 두 사람의 삶을 다르게 상상하게 된다. 어쩌면 자연스러운 일이다. 소비는 나를 설명하는 언어가 되기도 한다.

하지만 그런 기능을 이해하면서도, 내 안에서는 점점 피로감이 쌓였다. 그래서 한국에 가는 것이 싫어질 때도 있다. 다시 그 세계에 물들어버릴까 봐. 그런데 내가 사는 도시 제네바에는 생각보다 명품을 걸치고 다니는 사람이 많지 않다. 자동차 역시 실용성을 중시해 경차들이 훨씬 자주 보인다. 프랑스의 중산층의 기준이 한국과 다르다는 점을 떠올리면 그리 이상한 일도 아니다. 여기는 묻지 않는다. 어떤 브랜드의 가방을 드느지보다 '다룰 수 있는 악기가 있는지', '손님이 집에 놀러 왔을 때 선보일 수 있는 요리 레퍼토리가 있는지', '언어를 다양하게 구사할 수 있는지' 같은 것들이 더 중요하게 여겨진다

그래서인지 요즘 멋있다고 생각하는 여자는 머리부터 발끝까지 명품으로 치장한 사람이 아니다. 영어와 불어를 자유자재로 섞어 사용하며 적절한 유머와 매너로 분위기를 부드럽게 이끄는 여성. 세련되고 품위 있지만 결코 과시적이지 않은 사람. 명품은 분명 취향과 이미지를 선택적으로 표현해주는 도구가 될 수 있다. 하지만 그것이 전부인 사람은 되지 않기를 바랄 뿐이다.

생각해보면 그 시절, 나는 조금 미쳐 있었는지도 모른다. 팬데믹 시기 고부가가치 산업이 폭발적으로 성장할 수 있었던 건 MZ 세대의 소비력이 중심이 되었기 때문이라는 이야기를 종종 본다. 실제로 그 시기 컨설팅을 하며 만났던 20대 중반 여성들의 고민 중에는 이런 것도 있었다.

"저도 명품을 들어야 하나요?"
"이미테이션이라도 사서 '있어 보이는' 게 낫지 않을까요?"
"일단 12개월 할부로 사긴 했는데…"

그들의 이야기를 들으며, 내가 봤던 통계자료가 단지 숫자에 그치지 않는다는 걸 실감하게 되었다.

이쯤에서 누군가는 말할지도 모른다.

"진짜 부자는 명품에 의존하지 않아요. 내면을 가꾸세요."

그 말이 옳지 않다는 건 아니다. 하지만 나는 그렇게 말하고 싶지 않다. 너무 납작한 판단이니까. 진짜 부자는 명품에 '의존'하지 않을지 몰라도, 욕망하지 않는다고 단정할 수는 없다. 그들은 하루에도 몇 번씩 온라인 스토어를 들여다보며 구매 버튼을 누를지 머뭇거리거나, 지금 월급으로 몇 개월 할부를 해야 감당할 수 있을지 고민하거나, 인터넷 커뮤니티에 "이거 사도 뒤처지지 않을까요?"라고 질문하지는 않을 것이다. 그러나 그들도 분명 명품을 비롯한 값비싼 물건을 욕망하고 있을 것이다. 그리고 자신들의 욕망을 해소하기 위해 분명한 기준과 취향 안에서 '선택'하고 있을 것이다. 다만, 그렇게 욕망하고 어떤 브랜드에 끌릴 수는 있어도, 거기에 목을 매거나 휘둘리지 않는다는 것이 다를 뿐이다.

그래서 나는 이렇게 말하고 싶은 것이다. '명품에 기대지 않겠다'가 아니라, '명품에 기대지 않으려고 노력하겠다'고. 정말 필요할 때는 활용할 수 있겠지만 그것이 삶의 중심이 되어버릴 만큼 깊이 기대지는 않겠다는 다짐을 하면서. '저 사람이 든 가방은 어느 브랜드일까? 얼마짜리일까?'를 생각하지 않아도 되는 유럽에서의 생활은 그런 내 태도에 확신을 더해줬다.

그리고 의외의 계기가 하나 더 있었다. 제네바에 도착한 지 일주일도 채 되지 않았을 때, 트램 안에서 휴대폰을 소매치기 당한 것이다. 그때 결심했다.

'더 이상 비싼 것은 남들에게 보이지 않겠다.'

그리고 실제로 그런 결심은 내 생활 방식을 조금씩 바꿔 놓았다. 그러고 보니 제네바에서 트램을 타고 다니며 명품을 들고 있는 여성을 본 적은 거의 없다. 생각해보면 당연한 일이다. 이미 명품을 일상적으로 들고 다닐 만큼 경제적 여유가 있는 사람이라면 굳이 대중교통을 이용할 필요가 없을지도 모르니까.

그러나 한국은 다르다. 버스든 지하철이든 명품 가방은 어렵지 않게 볼 수 있다. 학교를 갈 때든, 일을 하러 갈 때든 명품 가방이 자연스럽게 어깨에 들려 있다. 나도 그랬다. 그리고 그런 사람들을 비판하고 싶은 마음도 없다. 다만 지금의 나는, 한국에 돌아간다고 해도 굳이 명품을 들고 대중교통을 타지는 않을 것 같다.

한마디로 표현하자면, 그냥 '가벼워졌다'. 비싼 가방을 들지 않으니 소매치기의 타깃이 될까 봐 걱정할 필요도 없다. 카페나 음식점에 들어가 앉을 때에도 가방을 어디에 두어야 망가지지 않을지 신경 쓸 필요도 없다. 비좁은 바에 앉거나 날씨 좋은 날 야외 테라스에 앉게 된다면 무심하게 바닥에 툭 하고 내려놓아도 상관없다. 그리고 이상하게도, 가방의 무게가 줄어드니 내 몸과 마음까지 가벼워진다. 어디든 훌 떠날 수 있고, '아니면 말고'라는 여유도 생긴다. 이제는 정말, 의미 있는 물건에만 집중하고 싶다. 의미를 부여하는 대상이 꼭 명품일 필요는 없다.

유럽에 살면서 더욱 굳건해진 다짐이 있다.

'실오라기 하나 걸치지 않은 채로 낯선 어딘가에 떨어져도 나를 행복하게 만들 수 있는 사람, 남들과 어울릴 수 있고, 그들에게 존중받을 수 있는 사람이 되고 싶다.'

그런 나를 지탱해주는 것들은 무엇일까? 건강한 정신과 신체, 명확하고 창의적인 사고력, 호기심 있는 포용적 태도. 그리고 그걸 드러낼 수 있는 언어 구사 능력, 유머, 센스, 매너. 행동 하나하나에서 배어나오는 절제된 품위. 설령 언젠가 돈을 모아 사고 싶은 명품을 산다 해도, 그건 남들과 비교해 더 잘나 보이고 싶어서가 아니라, 내가 선택한 의미를 나만의 방식으로 표현하는 조용한 선택이길 바라는 마음이고 싶다.

물론 여전히 나는 반짝이고 예쁜 물건들을 좋아한다. 값비싸고 화려한 가방을 들고 거리를 돌아다니고 싶다. 그러나 그것이 내 삶을, 나라는 사람을 완전히 대변할 수는 없을 것이다. 결국 나를 증명하는 건 가방이 아니라 그 가방을 들고 어디로 향하는지일 테니까. 명품 가방은 언젠가 닳아 낡을 수 있지만 내가 살아낸 순간과 배운 태도 그리고 품격은 시간이 지날수록 더 빛날 테니까 말이다.

Savoir-vivre

Je ne sais quoi

매력에 대한 콘텐츠를 6년째 만들고 있다. 가장 많은 여성이 결국 관심을 가지는 주제도 '어떻게 하면 매력적인 사람이 될 수 있을까?'였다. 그런데 매력이라는 것은 정의하려는 순간 오히려 경계가 흐려져 버린다. 눈에 보이는 기준이 없고, 사람마다 전혀 다른 결로 드러나기 때문이다. 어떤 이에게는 조용히 고개를 끄덕이며 들어주는 상냥함이 매력이고, 또 다른 이에게는 환하게 웃으며 다가오는 살가움이 매력이 된다. 누군가에게는 눈빛만으로도 전해지는 당당함과 넘치는 에너지가 매력으로 다가온다.

그러나 여기서 주목하고 싶은 건 조금 다른 결이다. 딱히 규정되지 않는 은근한 분위기. 차갑지도 따뜻하지도 않은

듯, 일정한 거리를 유지하면서도 묘하게 끌어당기는 힘. 바로 '쥬느세콰*Je ne sais quoi*'다.

이 표현을 처음 알게 된 것은 아이러니하게도 스위스에 오기 전, 한국에서 미국 여성 작가가 쓴 연애 서적을 읽던 때였다. 프랑스 여자들이 남자에게 보이는 애매모호한 태도 속에서 매력이 나온다고 설명하는 부분이었다. Je ne sais quoi. 직역하면 "나는 그것이 무엇인지 알 수 없다"라는 뜻인데, 이 말이 가리키는 것은 단순히 알 수 없다는 무지가 아니라, 말로 설명할 수 없는 매력, 곧 '애매한 여백'이라는 의미다. 처음엔 나도 이 말의 뉘앙스처럼 알 것 같기도 하고 모르는 것 같기도 했다. 그래서 더 확실히 알고 싶었다. 눈앞에서 그런 매력을 가진 여자를 직접 관찰해보고 싶었다.

그 갈증은 스위스에서 새로운 친구들과 어울리게 되며 조금씩 해소되었다. 그중에서도 제네바에서 알게 된 프랑스 친구 소냐에게서 가장 크게 느낄 수 있었다. 그녀는 샤넬 제네바 오피스에서 일하고 있었는데, 럭셔리 브랜드의 이름값에 걸맞은 화려함을 과시하기보다는 오히려 담백하고 절제된 스타일이 인상적이었다. 파리시엔느는 역시나 검정색을 사랑한다. 멋을 낸 날에는 심플한 액세서리 하나와 강렬한 레드 립스틱 정도만 곁들이는 식이었는데, 그 단순함 속에서 오히려 특별한 힘이 느껴졌달까?

단둘이 만나는 자리에서 그치지 않고, 다른 사람들과 어울리는 모습에서도 나의 관찰은 멈추지 않았다. 처음 마주하는 낯선 이들 사이에서도 소냐는 늘 자신을 궁금하게 만드는 비밀을 간직하는 것처럼 보였는데, 그런 비밀스러움을 구성하는 요소들은 다음과 같았다.

우선 목소리가 커서는 안 된다. 오히려 약간 낮은 볼륨으로 말했기에 상대는 자연스레 그녀의 말에 귀를 기울이지 않을 수 없게 만들었다. 그렇다고 주의를 기울이게 하려고 일부러 말을 빠르게 하는 것은 금물이다. 천천히, 느긋하게. 내 이야기가 궁금하다면 끝까지 인내심을 갖고 기다리란 듯이. 웃음에도 그녀만의 규칙이 있는 것 같았다. 입꼬리만 살짝 올릴 뿐, 잇몸이 드러날 만큼 해맑게 터뜨리지는 않았다.

애티튜드 또한 마찬가지였다. 손을 크게 흔들며 과장하지 않았고, 불필요하게 몸을 앞으로 기울이지도 않았다. 그

대신 작은 끄덕임, 짧은 시선 교환, 잔을 천천히 들어올리는 동작 속에서 은근한 자신감이 드러났다. 자신의 생각을 전할 때는 흔들림 없는 눈빛으로 말했는데, 그 안에는 남의 인정을 갈망하는 기색이 전혀 없었다. 친절 역시 남의 비위를 맞추려는 예의 차림이 아니라, 그녀 스스로 선택한 품격에 가까워 보였다. 양극단 어디에도 기울지 않고 그 아슬아슬한 중간을 지켜내는 예술. 그 순간을 나는 '애매함의 미학'이라고 부르고 싶어졌다.

한국에서 20대의 나는 애매한 것을 견디지 못하는 사람이었다. 모 아니면 도, 정확하게 딱 떨어지게 나뉘어야 마음이 놓이는 사람이었다. 무엇이든 확실해야 직성이 풀렸고, 어중간한 태도는 곧 부족함이나 우유부단함으로 여겼다. 친구에게 무언가를 하자고 제안했을 때 "글쎄, 생각해볼게"라는 대답을 들으면 스스로의 결정을 확신하지 못하며 행동력이 없는 사람이라고 함부로 생각했다. "언제 커피 한번 마시자"라는 말만 던지고 끝내 연락이 없는 지인을 보면 지키지 못할 약속을 남발하는 가벼운 사람이라고 단정하기도 했다.

하지만 시간이 쌓이면서 알게 되었다. 한 발짝 물러서는 태도는 때때로 자신을 위한 신중함이라는 것을. 특정한 날짜를 굳이 콕 집어 말하지 않는 사람에게 나는 그저 있으면 좋고 없어도 아쉬울 것 없는, 스쳐 지나가도 무방한 관계였다는 것을. 그 사실을 받아들이면서 자연스럽게 깨달았다. 나이가 채워질수록 오히려 느슨하고 얇고 긴 태도가 나를 지켜주는 방패가 될 수도 있다는 것을. 그들은 그것을 일찍이 현명하게, 조용히 실천하고 있던 것이다.

"Oui et non." (그렇기도 하고, 그렇지 않기도 해.)

"Peut-être." (아마도.)

"On verra." (일단 좀 더 두고 보자.)

프랑스 친구들과 함께하다 보면 가장 자주 들려오는 말들이다. 그들의 대화는 늘 여지를 남긴다. 어릴 적의 나라면 여전히 이해하지 못했을 것이다. 하지만 이제는 다르게 바라본다. 그것은 답변을 미루는 습관이 아니라, 오히려 열린 태도라는 것을 알기에. 흑과 백으로 단번에 잘라내지 않고 그 사이에 무수히 존재하는 회색의 스펙트럼을 인정하는 방식. 그래서 대화는 더 풍성해지고, 서로에 대한 이해는 더 깊어질 수 있다는 것을.

2014년 프랑스 바칼로레아 시험 문제를 본 적이 있다. 고등학교 졸업을 앞둔 학생들이 치르는 국가시험, 그 첫 과목이 철학이었다. 그해 논제 가운데 하나는 이런 질문이었다.

Vivons-nous pour être heureux?
우리는 행복하기 위해 사는가?

정답은 없다. 학생들은 그저 자신의 생각을 펼치고 논리를 쌓아가야 했다. 이 문제를 보고 한동안 멍하니 있었다. 한국에서 내가 겪은 교육은 시험에 언제나 하나의 정답이 있었고, 논술마저도 모범답안이라는 이름으로 길이 정해져 있었는데. 이곳에서는 질문이 답보다 크고, 생각이 결론보다 중요하구나. 그제야 실감했다. 프랑스인들의 "Oui et non(그렇기도 하고, 그렇지 않기도 해)"이 단순한 말버릇이 아니라, 세상을 바라보는 근본적인 방식임을.

애매하다는 건 하나의 확실한 한 가지의 답을 고집하지 않는다는 뜻이다. 다시 말해, 완벽하지 않음을 받아들이는 태도이기도 하다. 친구들의 스타일만 봐도 그렇다. 헤이는

Étiquette

살짝 부스스하게 자연스럽고, 메이크업은 속눈썹이나 립스틱 중 한 가지만 강조한다. 액세서리도 주렁주렁 달지 않는다. 머리부터 발끝까지 빈틈없이 완벽하게 세팅된 여성을 보고 '촌스럽다'라고 평가하는 그들이다.

사람을 바라보는 눈길도 비슷하지 않을까? 너무 딱 부러지고 확실한, 그러나 단조로운 이미지를 가진 사람보다, 불완전함을 지닌 사람이 더 매력적으로 보이는 시선 말이다. 그렇기에 그들의 불완전함은 방치가 아니라 자유로움이고, 그 자유로움은 남의 눈치를 보지 않고 자신을 지켜내는 방식이 된다.

Je ne sais quoi.
모든 것에 굳이 설명이 필요하지는 않다.
어떤 순간은, 그냥 존재하기만 하면 충분하다.

말투가 만드는
관계의 기술

"'밥 먹었어요?'라는 말을 왜 처음 만난 사람한테 쓰면 안 되는거야? '요'를 붙였으니까 존댓말 아니야?"

언어교환 공부 중 K-드라마에 푹 빠진 프랑스 친구 줄리가 내게 건넨 질문이었다.

"한국어에서 존댓말은 단순히 말끝에 '요'만 붙이면 되는 게 아니야. 아예 동사 자체를 바꿔서 써야 하는 경우가 많아. '먹다'라는 동사 말고 '드시다'라는 동사가 있거든."
"그러면 '밥 드셨어요?'라고 하면 되는 거지?"

이쯤 되면 대답하기도 미안해진다. 실제로 많은 한국어

학습자들이 '상대 높임법'을 가장 힘들어하는 부분 중 하나라고 하니까.

여기서 또 하나, 많은 프랑스어권 친구들이 궁금해하는 점이 있다. 그건 바로 '언제까지 상대방에게 존댓말을 써야 하는지'에 관한 기준이다. (사실 이건 한국인들도 어려워 하는 문제다.) 혹은 나보다 지위가 높은 직장 상사가 언제쯤 "우리 이제 말 편하게 할까요?"라고 자신에게 물어올지도 몹시 궁금해한다. 그런데 나는 오히려 그 사고방식이 신기해 되물었다.

"너희 언어에도 이런 개념이 있어?"

친구는 대답했다.

"응, 있지. 그게 바로 내가 너한테 첫날 했던 문장이잖아. 'On peut se tutoyer?(우리 서로 반말 써도 될까?)'라고."

그제야 기억이 났다. 그녀를 처음 알게 되었을 때 당연히 존댓말을 사용했다. 대화를 몇 마디 나누고 나니 그녀는 나에게 "Tu peux me tutoyer(나한테 반말해도 돼)"라고 말해줬다. '우리 이제 말 놓을까?' 정도의 뜻이다. 그녀는 나보다 나이가 많았던 것으로 기억하지만 말이다. (사실 아직도 정확한 나이는 모른다. 그녀가 내게 나이를 묻지 않았기에 나 또한 물어볼 수 없었다.)

프랑스어에는 '너'를 가리키는 두 가지 인칭대명사가 있다. 하나는 'tu', 다른 하나는 'vous'. 둘 다 '당신'을 뜻하지만, 그 안에 담긴 관계의 온도는 전혀 다르다. 'vous'는 존중과 거리감을 담은 것으로 처음 만난 사이에는 나이와 관계없이 'vous'를 사용한다. 나보다 나이가 어리거나 지위가 낮더라도 가까워지고 싶은 마음이 없다면 계속 높임을 쓰는 것으로 의도를 전할 수 있다. 레스토랑이나 카페에서 주문을 하거나 옷가게에서 직원과 대화를 할 때도 마찬가지로 높임말을 사용한다.

반면 'tu'는 친밀함과 신뢰가 생겼을 때 사용하기 시작한다. 대개의 경우 "우리 이제 서로의 호칭을 'tu'로 전환하자"는 제안을 하며 관계의 거리를 좁힌다. 그건 단순히 "이제 반말해도 돼"라는 허락이 아니라, "이제 우리는 같은 눈높이에서 말할 수 있어"라는 선언. 즉, 새로운 관계로의 진입을 제안하는 행위가 된다. 한국의 연령 중심의 대화 문화와는 다르게 나이는 중요한 변수가 되지 않는 것이다.

제네바에 처음 이주해 프랑스어를 배우던 학교 수업에서도 마찬가지였다. 백발이 희끗하게 보이는 교수님이 몇 번의 수업이 지난 뒤 내게 "나한테 'tu'를 써도 돼요"라고 말했을 때, 잠시 멈칫했던 기억이 있다. 아마 수업이 끝난 뒤 개인적으로 다가가 질문을 자주 했던 탓에 나를 조금 편하게 느끼셨던 것 같다. 그렇다 하더라도 한국이라면 상상하기 어려운 일이지 않나? 교수에게, 혹은 상사에게 반말을 쓴다는 것은 곧 '무례함'으로 간주될 테니까. 하지만 프랑스에서는 그 반대였다. 말을 놓는다는 것, 스스럼없이 말할 권리를 얻게 된다는 것은 무례함이 아니라 친밀함의 표시였다.

나는 한국에서도 나이에 따라 말투와 발언권이 정해지는 연령주의적 문화가 늘 불편한 사람이었다. 의견이 다르다는 이유로 윗사람에게 반대 입장을 내세우면 말대꾸가 되고, 부당하고 불편해도 침묵하면 '예의가 바르다'는 칭찬을 듣는 이상한 분위기. 한국어의 존댓말은 관계를 위로 쌓아 올리는 방식이지만, 프랑스어의 존댓말은 관계를 옆으로 넓히는 방식이다.

스물두 살 무렵이었다. 학교를 다니며 카페 아르바이트를 하던 시절, 동료들도 좋았고 사장님에게도 "센스 있게 일을 잘한다"는 말을 자주 들었다. 어느 날은 손님이 몰릴 때였다. 나는 미리 주문이 들어올 법한 메뉴의 컵을 세팅해두곤 했는데, 사장님이 그걸 보고 말했다. "괜히 앞서서 미리 하지 말아요. 제가 시키는 대로만 하세요."

그 순간, 그 말이 조금 이상하게 들렸다. 손님이 몰리면 바빠지니까 미리 해놓겠다는데, 왜 사장이 '시킨 대로만' 해야 할까. 나는 조심스럽게 말했다. "이렇게 해두면 손님이 붐빌 때 음료가 더 빨리 나갈 것 같아서요." 사장은 아무 말 없이 나를 흘끗 쳐다보더니 그냥 돌아섰다. 그날 이후로 내 일하는 방식을 사소한 부분마다 지적하기 시작했다.

마감 시간이었다. 내가 테이블을 정리하며 말했다. "내일은 이쪽 테이블부터 닦으면 동선이 덜 꼬일 것 같아요." 사장은 짧게 대답했다. "그런 건 내가 정해요." 그날 이후 공기가 눈에 띄게 달라졌다. 그리고 며칠 뒤, 아무런 예고 없이 들은 말. "오늘까지만 나와요." 결정적인 건 마지막 급여 정산이었다. 액수를 확인하다가 이상한 점을 발견했다. 근로기준법상 오후 10시 이후에는 시급이 주간의 1.5배가 되어야 하는데 그 계산이 빠져 있었다.

조심스럽게 물었다. "사장님, 이거 야간 수당이 빠진 것 같아요." 사장은 잠시 뜸을 들이더니 이렇게 말했다. "우리는 주급으로 현금을 지급하잖아요. 그런 부분은 감안해야죠. 여태 일한 친구들도 다 그렇게 했어요." 그 말이 이상하게 들렸다. '다들 그렇게 했다'는 이유만으로 잘못된 방식을 계속 따라야 하는 걸까? 나는 더 이상 아무 말도 하지 않았다. 마지막으로 그가 내게 한 말이 아직도 기억난다.

"상아 씨는 프랑스 가서 살면 잘 맞을 것 같아요." 이유를 물으니 이렇게 말했다. "예전에 내가 까르푸(프랑스 대형 유통마트 체인)에서 일할 때 프랑스인들이 그랬거든. 다들 자기 주장이 강하고 윗사람이라고 해서 무조건 따르진 않아. 상아 씨도 그런 스타일이야." 그리고 그날이 마지막 근무일이 되어버렸다. '내가 프랑스 사람들처럼 상사에게 말대꾸를 해서 나를 자른 건가?'라는 생각도 들었지만 지금 돌이켜보면 묘한 예언 같기도 하다. 그때의 나에게는 분명 용기가 있었다. 틀린 걸 틀렸다고 말할 수 있는 용기. 그게 누군가에겐 '말대꾸'였을지 모르지만 나에게는 내 생각을 표현할 최소한의 존중이었다.

대학에 입학했을 때도 마찬가지였다. '우리 과의 전통이야'라는 말 한마디면 모든 게 정당화되었다. 선배가 부르면 무조건 단체로 모여야 했고 수강신청 기간에는 듣고 싶은 과목을 선택할 자유조차 없었다. 선배들이 "이 과목을 들어야 졸업이 수월해"라며 일방적으로 정해주는 수업을 따라야 했다. 그들의 말대로 그것이 우리를 위한 배려였는지도 모른다. 하지만 나는 그조차도 납득할 수 없었다. "제가 제 등록금 내고 다니는데, 왜 듣기 싫은 수업을 들어야 하죠?" 그때의 나는 세상 경험이 부족했지만 최소한의 논리는 있었다. 물론 그 질문 이후로 나는 선배들에게 눈엣가시가 되었지만.

이런 비슷한 일들을 몇 번 겪고 나니 자연스럽게 깨달았다. 정해진 틀에 따라야 하는 조직에서 나는 오래 버티지 못할 거라는 사실을. 그건 나를 위한 결정이기도 했지만 나와 함께 일하는 사람들을 위한 결정이기도 했다. 일찌감치 '취업'이라는 선택지를 내려놓은 이유이기도 하다. 아마 프랑스에 산다고 해서 규율이 전혀 없는 건 아닐 것이다. 하지만 적어도 이곳에서는 나이가 어린, 서열이 낮은 내가 다른 의견을 말한다고 해서 '말대꾸'로 치부되진 않는다. 오히려 자신이 느끼는 바에 대해서 솔직하게 표현하지 않는 것이 '줏대 없는', '다루기 쉬운' 사람으로 여겨진다.

위계를 기반으로 하는 한국 문화와 수평적 관계를 지향하는 프랑스 문화의 차이는 언어뿐 아니라 비언어적인 제스처에서도 극명하게 드러난다. 한국에서 어른에게 물건을 건넬 때 우리는 자연스럽게 두 손을 사용한다. 이 '두 손 문화'는 나의 공손함과 조심성을 보여주며 위계적 존중을 표현한다. 하지만 제네바에서 살면서 깨달은 것은 달랐다. 습관적으로 물건을 두 손으로 건네거나 받곤 했는데, 상대방의 표정에서 '왜 두 손을 쓰지?' 하는 의아함을 느낄 때가 많았다. 그들에게는 한 손으로 주고받는 것이 동등한 관계에서의 자연스러운 예의였다.

한국 사회에서 존댓말과 두 손은 상대에 대한 존중을 표하는 도구이지만, 사실 이것들은 우리 사이에 나이와 위계라는 보이지 않는 거대한 벽Wall을 세우기도 한다. 그 벽 뒤에서 우리는 의견을 숨기고 침묵하며 '예의 바른 사람'으로 남기를 선택한다. 하지만 프랑스 친구 줄리가 내게 물었던 "On peut se tutoyer?"라는 제안은 '그 벽을 허물자'는 다리Bridge였다.

물론 한국의 존댓말 문화가 부정적인 면만 있는 것은 아니다. 오히려 유럽에서 만난 많은 친구들은 한국 여행 때 경험한 '두 손 문화'나 '깊게 허리 굽혀 인사하는 모습' 등 한국의 세심한 예의범절에 깊은 인상을 받고 놀랐다고 했다. 두 문화 모두 존중받아 마땅한 각자의 장단점을 가지고 있으며, 어느 한쪽이 우월하다고 말할 수는 없다.

다만 말하고 싶은 건 이러한 다양한 문화를 경험하는 과정이 자신을 찾는 여정이 될 수 있다는 점이다. 내가 '존댓말과 두 손'을 통해 위계를 유지하는 문화보다는, '반말과 한 손'을 통해 다리를 놓고 평등을 선언하는 문화에서 더욱 편안함을 느낀 것처럼 말이다. 나는 진정한 존중은 말을 높이는 형식이 아니라, 말을 트는 관계에 있다고 믿는다. 나는 앞으로도 '반말 속 평등의 선언'이 주는 해방감을 통해 나 자신을 온전히 드러낼 권리를 찾아나갈 것이다.

아무리 예의를 차려 포장해도 상식적이지 않고 무례한 내용이 담겼다면 그 말은 상처를 남기는 흉기가 된다. 반대로 조금 투박하고 거칠더라도 상대를 향한 충분한 이해와 배려가 담긴 말이라면 그 말은 누군가의 영혼을 어루만지는 향기를 품을 수 있다. 나이를 초월해 내게 진심을 보인 프랑스의 노교수와 내가 나이가 어리다는 이유만으로 충고를 가장한 폭언을 퍼부은 한국인 사장의 경우처럼 말이다.

당신의 품격은 말의 겉모습이 아니라 그 안에 담긴 내용으로 결정된다. 반말이 무조건 나쁘고 존댓말이 무조건 좋은 것이 아니다. 사회가 규정한 관습을 초월해 사람 대 사람으로 상대를 상식적으로 대하는 태도. 그리고 반대로 나보다 나이가 어리거나 경력이 낮은 사람이 조금 불친절하게 말해도 그 표현에 휘둘리지 않고 그의 의견을 있는 그대로 경청할 수 있는 태도. 나는 이것을 제네바에서 배웠다.

Épilogue

이제 나는 한 도시의 사람으로만
살아가고 싶지 않다

한국 서울에서 태어나 30년을 살았다. 그 후 프랑스와 국경을 맞댄 스위스 제네바에서 3년을 살았고, 같은 언어권인 파리는 주기적으로 오가며 지냈다. 그리고 올해 다시 한국에 돌아와 생활 중이다. 이 책은 어느 문화가 낫고 덜함을 따지는 통계나 분석이 결코 아니다. 단지 내가 실제로 부딪히고 느낀 장면들, 나의 감각과 태도를 통해 자연스레 체득한 문화적 결들에 대한 기록일 뿐이다. 내가 경유한 세 도시—서울, 파리, 제네바—는 내게 모두 저마다 다른 의미를 선물했다.

　서울. 이 도시는 '눈치'라는 단어 하나로 많은 게 설명된다. 말하지 않아도 읽어야 하고, 말하는 대신 둘러 말해야 하며, 때로는 말하지 않는 것이 더 나은 선택이 되기도 한다.

나를 너무 드러내지 않고, 분위기에 맞게 조율할 줄 아는 사람이 환영받는 도시. 혼자보다 함께, 튀기보단 묻히는 미덕. 그 안에서 우리는 사회가 정한 기준에 '예쁘게' 맞춰진다. 유행하는 스타일에 나를 적당히 맞추고, 다듬고, 눌러낸다. 그 어딘가에는 조화라는 이름으로 포장된 유교의 그림자가 서려 있다. 조용히, 부드럽게, 배려하는 척하며 나를 드러내지 않는다.

파리. 여긴 시작부터 다르다. 말을 하지 않으면 아무도 눈치채지 않는다. 아니, 알아도 굳이 챙겨주지 않는다. 파리는 '내가 하고 싶은 말'을 명확하게 꺼내야 살아남는 도시다. 처음엔 조금 버거웠다. 침묵과 경청이 호감 가는 사람이었던 한국과 달리 여기서는 자기 색깔이 없는 연약한 사람이 되어 버린다. 하지만 시간이 지날수록 이 거리감이 오히려 편해지기 시작했다. 감정은 명확히 표현되고, 논리는 예의의 다른 말이 된다.

프랑스 사람들과 오래 지낼수록 가장 놀라웠던 점은, 그들의 말 대부분이 '논쟁'이라는 사실이었다. 생각이 다르면 말하고, 틀렸다고 생각하면 지적한다. 설사 그 말이 다소 직설적이라도. 처음에는 상처처럼 느껴졌지만, 나중에는 그것이 오히려 '신뢰'라는 걸 알게 됐다. 그들은 나를 배려하기 위해 아닌 척하지 않는다. 반대로 나도 내 입장을 숨기지 않아도 된다. 우리는 다를 수 있고, 그 다름을 표현하는 것이 곧 관계의 깊이가 된다는 걸.

일하는 방식에서도 그들은 다르다. 프랑스에서 일은 '쉬기 위한 수단'이다. 바캉스는 삶의 일부이자 목적이다. 9월에 다시 회사로 돌아온 사람들은 여름 휴가 이야기를 하며 시간을 보낸다. 어디를 다녀왔는지, 얼마나 좋았는지. 그들은 그것을 자랑이 아니라 삶의 자연스러운 일부로 말한다.

파리 여행 때의 기억이 있다. 식료품 매장에서 계산을 기다리던 중, 캐셔가 내 차례를 앞두고 퇴근을 해버렸다. 정각이었다. 그는 조용히 자리에서 일어났고, 누구도 그에게 뭐라 하지 않았다. 처음엔 당황했지만 곧 알게 되었다. 여기는 '일보다 나'가 중요한 곳이라는 것을.

레스토랑에서도 마찬가지다. 눈이 마주치기 전까지는 주문할 수 없다. 손을 들어도 비로 오지 않는다, 계산도 마찬가지다. 조급한 내가 처음엔 불편했지만, 곧 깨달았다. 여기는 효율보다 여유를 중시하는 도시. '고객이 왕'이 아닌 곳. 우리는 모두 같은 사람일 뿐이라는 철학.

이런 철학은 제네바에도 흐른다. 이사 첫날, 고장 난 차양막을 고쳐달라고 요청했지만 고쳐지기까지 1년이 걸렸다. 그동안 수차례 메일을 보냈고, 매번 돌아온 답은 같았다.

"아직 맞는 부품을 찾지 못했어요."

그들은 완벽을 기다렸고, 우리는 불편함을 견뎠다.

하지만 이 느림은 나를 훈련시켰다. 즉각적인 반응이 없어도 관계가 유지될 수 있음을, 조금 늦어도 인생이 망가지지 않음을, 기다림이 때로는 신뢰가 될 수 있음을. 서울에서는 숨이 막혀 도망치고 싶었던 그 침묵이 여기서는 안정감이 되기도 했다.

이제는 세 도시가 각각 다른 방식으로 나를 성장시켰다고 말할 수 있을 것 같다. 서울은 나를 조심스럽게 만들었고,

파리는 나를 단단하게 만들었으며, 제네바는 나를 느긋하게 만들었다. 어떤 도시는 내 감정을 예민해지게 했고, 어떤 도시는 내 언어를 뾰족하게 깎았고, 또 어떤 도시는 그 모든 것을 느슨하게 풀어내는 법을 가르쳤다.

한국어도 못하고 영어조차 서툰 프랑스인 친구가 있다. 그는 한국에서 이렇게까지 환대를 받아본 건 처음이라고 말했다. 프랑스 파리에서 왔다고 하면 사람들은 먼저 다가와 'Bonjour!'를 외치고, 나도 파리에 가봤다고, 꼭 가보고 싶은 도시라고 이야기하며 반겨준다고 했다. 물론 그 친구의 훤칠한 외모도 한몫했겠지만, '프랑스'라는 나라가 주는 이미지로부터 비롯된 환상 역시 작용했을 것이다.

유럽 친구들은 20대 초반부터 기차나 자동차를 타고 여행을 떠난다. 스위스에 사는 친구들은 마음만 먹으면 3시간 안에 프랑스, 독일, 이탈리아로 국경을 넘나들 수 있다. (이 세 국가는 모두 스위스와 국경을 접하고 있다.) "외국 생활 해보세요, 나가보세요"라고 말할 때, 그건 결코 "외국이 최고예요, 한국을 떠나세요"라는 뜻이 아니다. 그건 마치 "음식은 파스타가 최고이고, 비빔밥은 좀 별로예요. 드셔보시면 아실 거예요"

Épilogue ——— 307

혹은 "남자는 묵묵하고 듬직한 사람이 최고예요. 유머스럽고 장난기 많은 남자는 만나지 마세요"라고 말하는 것과 같다.

무엇이 정답인지는 알 수 없다. 다만, 두 가지 서로 다른 길을 모두 걸어봐야 한다는 것이다. 빠른 길, 느린 길. 곧게 펼쳐진 도로, 구불구불 굽어진 도로. 어릴수록 시공간이 자주 바뀌는 경험을 해봐야 한다. 그래야 새로운 세계를 열어나가는 일이 별일 아닌 것처럼 느껴질 수 있다. 그 감각이, '당연한 것'이 되어야 한다.

다 경험해 보자는 것이다. 나에게 가장 잘 맞는 선택지가 무엇인지 알아보기 위해서. 인생에서 돌이킬 수 없는 중대한 결정을 내리기 전에, 예를 들면 '어디서 살 것인가', '누구와 살 것인가', '어떤 방식으로 살 것인가' 같은 거대한 질문들에 답하기 전에 일단 모든 것을 경험해보자는 것이다. 그래야, 적어도 미련은 없지 않을까? 가지 못한 길은 언제나 미화되기 마련이다. 그 미련이라는 씨앗이 불필요한 후회를 피우기 전에 내가 과연 한국에서 사는 게 적합한 사람인지 아닌지를 먼저 알아보자는 뜻이다.

Savoir-vivre

이제 나는 더 이상 어느 한 도시의 사람으로만 살아가고 싶지 않다. 서울에 있어도 파리의 태도가 배어 있고, 파리에 있어도 제네바의 리듬을 그리워한다. 제네바에선 문득 서울의 치열함이 떠오른다. 어쩌면 나는 지금 이 순간에도 자라나고 있는지도 모른다. 어디에도 완전히 속하지 않은 채 유행에 휘둘리지 않은 어른으로, 어디에서든 나답게 살아가려는 사람으로.

가끔은 제네바가 그리울 것이다. 그곳에서 느꼈던 자유로움, 지나치게 서두르지 않아도 괜찮았던 하루의 리듬, 조금 늦어져도 관계가 무너지지 않는다는 묘한 안정감 같은 것들.

그러나 이제는 안다. 그리움의 대상은 도시가 아니라, 그 도시가 나에게 허락했던 여유롭고 가벼운 마음결이었다는 것을. 결국 내가 어디에 살든, 그 결들은 내 삶의 리듬이 되어 따라올 것이다. 제네바에서 배운 느긋함, 파리에서 배운 단단함, 서울에서 배운 예민한 감각들. 나는 그 모든 것들을 품은 채, 앞으로도 나만의 속도로 새로운 세계를 열어나갈 것이다. 유행을 타지 않는, 나만의 삶의 방식으로.

유행을 타지 않는 삶

안상아 지음

초판 1쇄 발행 2025년 12월 8일	주소 경기 파주시 초롱꽃로 109, 406호 (A-18)
초판 2쇄 발행 2025년 12월 15일	전화 070-8211-2265
글, 사진 안상아	팩스 0504-141-5750
펴낸곳 자크드앙	이메일 official@zacdang.net
디자인 유어텍스트	신고번호 제2024-000142호
제작 ㈜공간코퍼레이션	홈페이지 instagram.com/zacdang_

ISBN 979-11-990232-9-1-7 (03810)

- 책값은 뒤표지에 있습니다.
- 잘못 만들어진 책은 구입처에서 교환해드립니다.

자크드앙은 함께 선을 넘고 점 하나를 찍을 독자 여러분의 제안과 투고를 기다립니다.

ⓒ 안상아, 2025

이 책은 저작권법에 의하여 보호받는 저작물이므로 무단전재와 무단복제를 금합니다.
이 책의 내용 일부 또는 전부를 재사용하려면 반드시 출판사와 저자의 동의를 얻어야 합니다.